TEPS in
TEPS

990어휘

박기혁

서울대학교 졸
(현) 메가스터디 어학센터 TEPS 강사
(현) SLA 학원 TEPS 대표 강사
(현) 중앙일보 영자 신문 중앙 데일리 교육 분야 객원 논설위원
(현) 한국 생산성 본부 영어 전임 강사
(현) PTT(Park's TEPS Teacher's Group) 대표 강사
－TEPS의 최고를 지향하는 강사들의 모임

TEPS in TEPS 990 어휘

저자	박기혁
초판 1쇄 발행	2009년 8월 14일
초판 2쇄 발행	2010년 9월 10일
발 행 인	박효상
영 업	이종선, 이태호, 이전희
기획, 진행	강성실, 김은선, 모희진, 정혜미
출판등록	제 10-1835호
발 행 처	사람in
주 소	121-839 서울시 마포구 서교동 378-16 4F
전 화	02)338-3555(代)
팩 스	02)338-3545
E-mail	saramin@netsgo.com
Homepage	www.saramin.com

Special Staff

디자인 표지		장선숙
	내지	홍수미
편 집		김지영
조 판		한현식

ISBN 978-89-6049-131-1 13740
ISBN 978-89-6049-116-8 (세트)

TEPS in TEPS

990 어휘

박기혁

사람in
saram
in.com

Preface

영어 시험을 둘러싼 여러 가지 환경 변화에 의해서 TEPS의 중요성은 나날이 강조되고 있고 그 특징 또한 뚜렷이 변화를 겪고 있다.

첫째, 갈수록 문제가 다양화되고 있고 더욱더 세련되어지고 있다.
둘째, 시험을 치루는 대상 연령층이 자꾸 낮아지고 있다.
셋째, 특목고나 외고, 로스쿨이나 의학전문대학원 진학 등 그 쓰임새가 더욱 광범위해졌다.

이러한 세 가지 변화에 발맞추어, TEPS 교재도 다양화되고 진화되어야 하는데, 현재의 교재 시장은 그러한 가시적인 변화에 능동적으로 대처하지 못하는 것이 사실이다. 이에, 이번 TEPS in TEPS 시리즈를 통해서 진화하는 TEPS에 가장 적합한 패러다임을 제시하고자 한다.

TEPS는 참으로 복잡하고 미묘한 시험이다. TOEFL처럼 학문적인 점에 초점을 맞추는 것도 아니고, TOEIC처럼 실용 언어적인 측면만을 강조하는 시험도 아니다. 어쩌면 이 둘의 장점만을 모아 놓은 시험이라 할 수 있겠다.

학문적인 내용들을 풀어가되 좀 더 현실성을 부여하여 실용적으로 쓰이는 영어들을 묻는 것이다. TEPS가 최근 시험 시장에 지각 변동을 일으키고 있는 이유는 이런 장점이 토대가 되었다고 볼 수 있다.

TEPS는 실제로 회화를 하다가 혹은 네이티브가 보는 외국 신문 등을 읽다가 느끼는 애로사항을 잘 해결해 줄 수 있는 시험이다. 어휘력의 측면에서 보아도 실생활에서 우리는 이런 어려움을 겪는다. '단어 하나하나의 해석은 되는데 왜 전체적으로는 독해가 안 되고 해석이 안 될까?', '이 상황에서 저 말은 대체 무슨 뜻으로 쓰이는 걸까?'

그것은 바로 간단한 단어라도 초보적으로 배웠던 사전적 지식 외에 실생활에서는 다양한 뜻으로 활용되기 때문이다.

이처럼 네이티브와의 가장 적절한 의사소통에 초점을 둔 TEPS는 지극히 영어수험과 영어실용의 접목이라는 공인영어시험의 목적에 가장 합당한 인증시험이라 하겠다.

TOEIC이 점수 인플레로 상위권 수험생의 변별력을 상실했다는 비판이 많다. TEPS는 TOEIC과 같은 패턴의 지속적인 반복만으로는 해결할 수 없는 시험이다. 이에 학습자들도 이런 TEPS에 대한 관심과 욕구가 더욱 늘어나고 있는 현실이다.

필자는 좀 더 실용적이고 영어 실력 향상에 도움이 되는 TEPS에 대한 관심이 높아지고 있는 것은 고무적인 일이라 생각한다. 그리고 그런 TEPS를 연구하고 학습하는데, 이 'TEPS in TEPS 시리즈'가 선구자적인 역할을 하길 진심으로 바라는 마음으로 문제 하나 설명 하나에 세심한 신경을 쓰면서 작업에 임하였다.

혼자서는 할 수 없었던 작업에 언제나 도움이 되었던 분들께 감사의 마음을 전할까 한다. 늘 미안한 마음이 드는 가족들과, 사람인 출판사의 박효상 사장님, 김상호 팀장님, 조승주 대리님 그리고 이 책의 출간에 물심양면으로 도움을 주신 류건 선생님, 신일섭 조교, 윤이랑 조교에게도 아울러 감사의 뜻을 표하고 싶다.

PTT(Park's TEPS Teacher's Group) 대표 강사

박 기 혁

학생들의 자습서와 학원 교재의 성격을 둘 다 가질 수 있게 만들었다. 그래서 학원에서의 강의는 물론 독학용으로도 사용하도록 준비했다.

1. 상세한 해설을 통해 정답을 공략하는 법과 함께 오답을 피할 수 있는 Skill들을 제시하여 좀 더 높은 점수로의 도약이 가능하게 하였다.

2. TEPS의 4대 영역(독해, 어휘, 청해, 문법)과 기준 점수대별로 학습 목표와 가장 효율적인 방법들을 제시하여 좀 더 전문적이고 체계적인 학습자 맞춤형 학습이 가능하도록 하였다.

3. 애매모호한 이론이나 군더더기 설명을 최대한 배제하여 학습 시간 대비 효율성을 극대화 하도록 구성하였다.

TEPS in TEPS

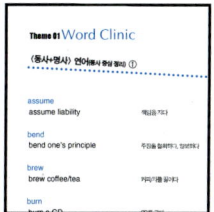

1. 핵심 어휘를 정리하는 **Word Clinic**

TEPS 고득점을 위해 반드시 알아야 하는 어휘들을 상세한 유형별로 정리했다.

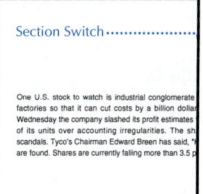

2. 고득점을 위한 고난이도 문제 **Challenge**

유형별로 정리된 Clinic의 어휘들을 실전 문제를 통해 다시 한 번 확실히 익힌다.

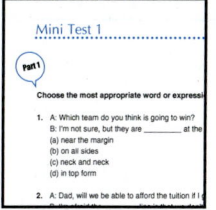

3. 독해와의 연계 학습이 가능한 **Section Switch**

테마별로 등장하는 독해 지문과 주제별 어휘를 통해 독해 파트에서 자주 등장하는 어휘와 고난이도 어휘를 정리하도록 하였다.

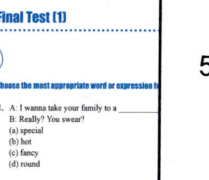

4. 자신만의 해결 노하우를 만들어가는 **Mini Test**

실전 연습 문제를 통해 실전에 대한 감각을 극대화하도록 한다. 5문제는 해당 챕터의 문제의 유형을 확인하고 10문제는 어휘 전 유형을 아우르며 학습할 수 있도록 하였다.

5. 실전보다 더 실전 같은 **Final Test**

4회분의 모의고사를 실었다. 난이도 있는 실전 문제를 통해 마지막 점검을 할 수 있다.

TEPS in TEPS

청해 파트의 어휘

토익과는 달리 TEPS의 어휘 시험은 대단히 난해하게 출제된다. 때때로 얼마 전의 독해에서 나온 유사 지문이 청해에 나오기도 한다. 따라서 청해의 고득점을 위해서는 대화체에서 나올 수 있는 간단한 단어들도 정리를 해야 하지만, 토익과는 달리 심도 있는 단어들도 정리를 해야 한다.

어휘 파트의 어휘

어휘는 대화체 Part 1, 문어체 Part 2에서 각각 25문제씩 출제되고 있으며, 출제 유형 및 빈도는 다음과 같다.

Part 1(총25문제)		Part 2(총25문제)	
일반 단어	6개-8개	일반 단어	8개-10개
연어	3개-4개	연어	3개-5개
숙어	5개-6개	숙어	4개-5개
이디엄(주로대화체)	3개-5개	이디엄(주로 대화체)	0개-1개
2어 동사	2개-3개	2어 동사	1개-2개
혼동어	1개-3개	혼동어	2개-4개

문법 파트의 어휘

문법 파트에서의 어휘는 어휘 파트에 비교한다면 상대적으로 무난한 단어들이 시험에 나온다. 다만 하나의 어휘를 중심으로 여러 가지 변형 형태를 제시해서 답을 찾으라는 문제가 주를 이루므로, 특히 동사와 형용사를 중심으로 가장 핵심이 되는 어원과 어근을 숙지해야 한다. 단어의 뜻을 알고 그에 따른 파생 어미의 품사를 안다면 TEPS 문법에서는 쉽게 고득점을 얻을 수 있다.

독해 파트의 어휘

독해 파트가 비중이 제일 높은 만큼(400점) 주제별로 단어를 잘 정리한다. 독해 파트의 어휘는 크게 3대 전문 분야와 그에 따른 상세 분야에서 나온다. 최근의 출제 빈도는 다음과 같다.

	상세 분야	최근의 출제 빈도
인문과학	문학, 역사	★★
	철학, 종교	★
	교육, 대학	★★
사회과학	정치, 외교	★★
	경제, 경영	★★★
	사회, 법률	★★★
자연과학	물리, 화학	★
	수학, 컴퓨터	★★
	생물, 의학, 인체	★★★
	지구과학, 우주, 환경	★★★

빈도수의 분류

★-정기시험 5,6회에 한 번씩 반드시 출제
★★-정기시험 3,4회에 한 번씩 반드시 출제
★★★-정기시험 1,2회에 한 번씩 반드시 출제

Chapter 1

연어

Theme 01 Word Clinic

〈동사+명사〉 연어(동사 중심 정리) ①

assume
assume liability · · · · · · · · · · · 책임을 지다

bend
bend one's principle · · · · · · · · 주장을 철회하다, 양보하다

brew
brew coffee/tea · · · · · · · · · · · 커피/차를 끓이다

burn
burn a CD · · · · · · · · · · · · · · CD를 굽다

claim
claim the lives · · · · · · · · · · · 생명을 빼앗다

conduct
conduct an investigation · · · · · · 수사하다, 조사하다

convey
convey a point · · · · · · · · · · · 요점을 전달하다

dash
dash the imagination · · · · · · · · 상상력을 저해하다

dissipate
dissipate the wealth · · · · · · · · 재산을 탕진하다

file
file a petition · · · · · · · · · · · 제소하다, 청원하다

have
have a say · · · · · · · · · · · · · 발언권이 있다

hoist
hoist one's [the] flag · · · · · · · 사령관에 취임하다, 지휘권을 잡다

juggle
juggle chore   집일을 교대로 적당히 처리하다

lock
lock horns   싸우다, 의견이 갈리다, 대립하다

pack
pack a bag   가방을 싸다

pass
pass muster   검열을 통과하다, 잘 해내다

pay
pay homage   경의를 표하다

place
place an advertisement   광고를 내다

run
run an errand   심부름을 하다

1. A: Heinous act of terrorism _____ the lives of four South Korean tourists.
    B: Alas! The innocent people were killed all of a sudden.
    (a) charged
    (b) claimed
    (c) asked
    (d) mollified

2. A: Since taking to gambling at the casino, he's been _____ the wealth left to him
       by his father.
    B: He should stop gambling right now before squandering away the rest of his fortune.
    (a) dispersing
    (b) dumping
    (c) dissolving
    (d) dissipating

3. A: Since you opened a new restaurant, how about _____ an advertisement in
       the local paper?
    B: I was thinking about it, but it costs far more than I can afford right now.
    (a) taking
    (b) acting
    (c) getting
    (d) placing

4. The trade union has _____ horns with the management board of the company
    over the new employment policy.
    (a) shown
    (b) locked
    (c) hit
    (d) pointed

5. Activists _____ a petition to the national human rights commission last month,
    stating that the police agency was attempting to cover up police brutality which
    occurred during the rally.
    (a) followed
    (b) suited
    (c) filed
    (d) went

Theme 02 Word Clinic

〈동사+명사〉 연어(동사 중심 정리) ②

administer
administer an antibiotic   항생제를 투여하다
administer first aid   응급조치를 취하다

alleviate
alleviate poverty   가난을 덜다

celebrate
celebrate an occasion   행사를 축하하다

hold
hold a banquet   연회를 열다
hold a grudge   원한을 품다 ○ don't hold a grudge 뒤끝이 없다
hold a rally   집회를 열다

make
make the bed   잠자리를 펴다, 잠자리를 개다
make an exception of   ~을 예외로 하다
make headway   전진하다

perform
perform an autopsy   부검을 실행하다
perform a rite   의식을 거행하다

recoup
recoup the loss   손해를 변상하다

run
run a fever   열이 나다
run a temperature   열이 나다
run a red light   정지신호를 무시하고 가다

secure
secure funding   융자를 얻다

〈동사＋명사〉 연어(동사 중심 정리) ②

throw

throw the book at	~을 엄벌하다
throw a fit	짜증을 내다
throw a glance at	~에 시선을 던지다, 흘긋 보다
throw up one's hands	손들다, 단념하다
throw light on	~을 해명하다

1. He was _____ first aid and survived the car accident.
   (a) applied
   (b) given
   (c) administered
   (d) taken

2. As the boss of the publicly-owned company which invests billions of pounds of taxpayers' money to _____ global poverty, Richard Laing is one of many who are dedicated to improving the finances of the poorest of the poor.
   (a) alleviate
   (b) aggravate
   (c) take
   (d) soothe

3. A: Did you hear about how Jessica yelled at him?
   B: Yes, I did. You know she always _____ at everybody.
   (a) sends away
   (b) throws a fit
   (c) fires out
   (d) emits out

4. A: Bill seems to be hot-tempered at times, but he never _____.
   B: Yeah, I was a little bit scared of him at first, but he's a good guy.
   (a) holds a grudge
   (b) has the nerve
   (c) has the guts
   (d) knows no fear

5. Scientists have _____ headway in understanding Alzheimer's disease by locating a gene which may be responsible for the condition.
   (a) gone
   (b) done
   (c) kept
   (d) made

Theme 03 Word Clinic

〈동사+형용사/부사〉 연어

〈동사 + 형용사〉

come
come clean 자백하다

get
get carried (away) 흥분하다
get acquainted 친해지다
get cute 까불다
get transferred 전근가다
get upset 화가 나다

go
go blank 멍해지다
go blind 눈이 멀다

ring
ring false 거짓처럼 들리다
ring true 참말처럼 들리다

run
run hot-wild 야단법석을 떨다

strike
strike dumb 충격을 가하다, 멍하게 하다

〈동사 + 부사〉

perspire profusely 심하게 땀을 흘리다

invite cordially 정중히 초대하다

guarantee fully 완벽히 보증하다

reward handsomely 후하게 보상하다

1. A: How was your math test?
   B: Terrible! When I saw the test paper, I just _____ blank.
   (a) came
   (b) went
   (c) set
   (d) got

2. A: You are sweaty. Is it too hot in this room?
   B: I'm one of those people who perspire _____ when eating something spicy.
   (a) profusely
   (b) flatly
   (c) bitterly
   (d) strenuously

3. A: Madrid branch made the most amount of sales this month.
   B: That's great. They'll be _____ rewarded for their effort.
   (a) nicely
   (b) smartly
   (c) handsomely
   (d) beautifully

4. A: It's not easy to be frank.
   B: The truth always comes out. _____ with him, okay?
   (a) Keep clean
   (b) Have clean
   (c) Come clean
   (d) Give clean

5. A: I wanted to _____ up to here, but it's just not gonna happen.
   B: Why doesn't the boss want you to work in here?
   (a) get fired
   (b) get switched
   (c) get divorced
   (d) get transferred

Word Clinic

〈형용사+명사〉 연어

〈형용사 중심〉

absurd
absurd belief   망상, 황당한 생각

dietary
dietary supplement   영양보충제

electrical
electrical shock   감전

filial
filial piety   자식의 도리, 효심

late
late boomer   대기만성형
late fee   연체료

public
public urination   노상방뇨
public vindication   공적인 해명

revolting
revolting stench   구역질나는 악취

〈명사 중심〉

activity
multifarious activity   다양한 활동

age
tender age   어린 나이

cause
lost cause   성공할 가망이 없는 목표

chance
even chance	반반의 가능성[기회]
fat chance	희박한 가능성
slim chance	가능성이 거의 없는 기회

complex
persecution complex	피해망상증

constraint
budgetary constraint	예산 부족

controversy
heated controversy	열띤 논쟁

crime
hideous crime	흉악 범죄
heinous crime	흉악 범죄

effusive
effusive welcome	열렬한 환영

hair
jet-black hair	칠흑 같은 머리털
sleek hair	윤기 있는 머리털

hairline
receding hairline	벗겨진 머리

verse
elegiac verse	애가, 슬픈 노래

1. A: We tried so hard on this project, but we still failed.
   B: It was a _____ from the start.
   (a) long face
   (b) lost cause
   (c) case
   (d) situation

○고난이도 **2.** A: I doubt John will win the upcoming election.
   B: I couldn't agree with you more. He doesn't have a(n) _____ of being elected.
   (a) downbeat
   (b) negativity
   (c) even chance
   (d) affluence

○고난이도 **3.** A: Do you know if Mary is single?
   B: Why are you interested in her? The possibility that she would date someone like you is so _____.
   (a) slim
   (b) heavy
   (c) lean
   (d) thin

○고난이도 **4.** Mary always gives you such a(n) _____ welcome. She really likes you.
   (a) moderate
   (b) extravagant
   (c) effusive
   (d) pushy

5. This _____ verse mourns for the valiant soldiers who lost their lives in the battle.
   (a) satiric
   (b) ironic
   (c) desultory
   (d) elegiac

〈전치사+명사〉 연어

at
at the back   뒤에서 도와주는
at stake   위험에 빠진

behind
behind bars   감금되어
behind the scenes   막후에서

beside
beside oneself   정신이 나간

by
by sight   얼굴만 알고 지내는

for
for ages   한참 동안
for eternity   영원히
for kicks   재미삼아

in
in one's book   ~의 생각으로는
in a cast   깁스를 한
in command of   ~을 지휘하여
in flames   불이 붙어서, 불길에 휩싸여
in handy   편리한
in a heartbeat   한순간에
in office   현직의
in person   직접, 몸소, 스스로
in the pipeline   진행 중인
in A's presence   A의 면전에서
in style   유행 감각이 뛰어난

near
near the margin   아슬아슬한

〈전치사+명사〉 연어

off
off limits   금지구역의

on
on the agenda   의제가 되고 있는
on average   평균적으로
on the careen   기울어져
on a diet   다이어트 중인
on edge   초조하여
on the fritz   말썽인, 고장이 난
on the go   쉴 새 없이 일하는
on A's hands   A의 책임인
on the loose   도망하여

out of
out of control   통제 불능의
out of earshot   들리지 않는 곳에
out of this world   대단한
out of town   다른 곳 출신인
out of tune   화음이 맞지 않는, 조화롭지 못한, 비협조적인

to
to the letter   글자 그대로, 엄밀히

under
under these circumstances   이러한 판국에
under house arrest   가택연금 상태의
under pretense   가장하여

1. A: Oh, my! This car which I bought recently is _____ again.
   B: You'd better have someone take a look at it.
   (a) on the spot
   (b) on the fritz
   (c) on the air
   (d) on the careen

2. A: What would you like me to do?
   B: Just you should follow my instructions _____.
   (a) to the letter
   (b) off the books
   (c) by and large
   (d) for all the world like

3. A: I can handle it. I want to deal with it by myself.
   B: Okay, fine. But if anything happens, it's _____.
   (a) sneaking out
   (b) on your hands
   (c) out of commission
   (d) spaced out on something

4. The company will sustain its growth this fiscal year as a new proposal for the additional supply of dress material is in the _____.
   (a) lines
   (b) store
   (c) queue
   (d) pipeline

5. Because of past rainfall and natural erosion, the wall has been _____.
   (a) under pretense
   (b) out of earshot
   (c) on the careen
   (d) for kicks

기타 연어 ①

〈명사+명사〉

account
joint account   공동명의 계좌

advance
advance ticket   예매표

brand
brand awareness   브랜드 인지도

desk
circulation desk   대출창구

fairy
fairy tale   동화

fancy
fancy restaurant   고급 식당

hair
hair loss   탈모

honor
honor roll   우등생 명단

jet
jet lag   시차로 인한 피로

rate
absentee rate   결석률
birth rate   출생률
crime rate   범죄율
exchange rate   환율
literacy rate   식자율, 비문맹률
unemployment rate   실업률
yield rate   수확률

〈명사+of+명사〉

the apple of discord	분쟁의 씨 ○ apple은 '핵심'이라는 의미.
a bed of roses	안락한 환경
a bed of nails	바늘방석
the blaze of publicity	대대적인 선전
a breach of contract	계약 위반
the chance of a lifetime	천재일우의 기회
a fact of life	인생의 진리, 현실
flurry of cheers	큰 환호성
frown of disapproval	불찬성의 찡그림
a glimmer of hope	한 가닥의 희망
haven of peace	안식처
the lapse of time	시간의 경과
a pang of conscience	양심의 가책
a pillar of society	사회의 역군
qualms of conscience	양심의 가책
a radius of action	행동반경
the ring of truth	진실성

기타 연어 ①

the table of contents	목차
the twilight of one's life	말년, 인생의 황혼기
walk of life	인생의 계층 ○ all walks of life 각계각층
clack and clatter	소란

〈기타〉

absolutely absurd	완전히 터무니없는
booked solid	예약이 꽉 찬
badly injured	심하게 부상을 입은

Theme 06 Challenge

1. A: The court of appeals overturned the conviction.
   B: That's _____ absurd! Anyone can see that he is guilty.
   (a) profoundly
   (b) unduly
   (c) absolutely
   (d) profusely

2. A: You shouldn't have forged his signature.
   B: I know. I feel a _____ of conscience for him.
   (a) pang
   (b) state
   (c) guilt
   (d) will

3. We discovered that brand _____ has a positive influence on consumers' choice of travel agency.
   (a) knowledge
   (b) awareness
   (c) realization
   (d) consciousness

4. The _____ desk is located near the 4th Avenue entrance of the Seattle Public Library.
   (a) regulation
   (b) cumulation
   (c) rendering
   (d) circulation

5. The scholar sought refuge in the _____ of our tough modern life.
   (a) clack and clatter
   (b) lost and found
   (c) nuts and bolts
   (d) pros and cons

Theme 07 Word Clinic

기타 연어 ②

〈take+명사〉

take action	조치를 취하다
take the blame	비난을 받다
take center stage	집중을 받다, 주목받다
take a chance	위험을 무릅쓰다
take a course	과정을 밟다
take exception	예외를 두다
take the floor	(발언하려고, 춤추려고) 일어서다
take hostage	저당 잡히다
take the initiative	우선권을 취득하다
take issue	대립하다, 논쟁하다
take lesson	수업을 받다
take measures	조치를 취하다
take a moment	시간을 갖다
take oath	선서하다
take root	뿌리내리다
take a sip	한 모금 마시다
take one's time	여가를 즐기다, 자기 시간을 갖다
take a firm stand	단호한 입장을 취하다
take the subway	지하철을 타다

까다로운 단어가 들어간 연어

ace an exam   시험에서 최고 성적을 내다
◎ 여기서 ace는 동사로 'A점을 받다' 라는 의미.

brave a storm   난관을 헤쳐가다
◎ 여기서 brave는 '용감한' 이라는 형용사가 아니라 '헤쳐 나가다, 극복하다' 라는 뜻의 동사이다.

come a cropper   크게 실패하다
◎ 여기서 cropper는 '소작인' 이라는 뜻으로, come a cropper는 지주에서 소작인이 된다는 의미이다.

milk the occasion   기회를 이용하다
◎ 여기서 milk는 동사로 '활용하다' 라는 의미.

grate on A's nerves
A를 짜증나게 하다

◎ 여기서 grate는 '문지르다' 라는 의미로, 신경을 문질러대는 것이니까 '짜증나게 한다' 는 뜻으로 생각하면 되겠다.

wield arms
무력을 사용하다

◎ wield는 '휘두르다' 라는 의미.

puckery taste
떫은 맛

◎ puckery는 '떫은' 이라는 의미.

1. A: I want a legitimate domestic music and movie disc industry to take _____ in China.
   B: But that will take too long time.
   (a) basis
   (b) root
   (c) charge
   (d) caution

2. A: I know you are an influential person, but I'm not sure if you should get involved.
   B: Well, I'm _____ on this because I have a chance of winning.
   (a) putting a sharp edge
   (b) raising grey dust
   (c) giving a strong boost
   (d) taking a firm stand

3. A: We had no choice but to _____ legal action against him.
   B: Can't you settle this out of court?
   (a) take
   (b) have
   (c) make
   (d) introduce

4. A: Jack invested all of his money in the stock market just before it fell.
   B: Poor Jack! He came a _____.
   (a) clipper
   (b) flipper
   (c) cropper
   (d) dropper

5. Their endless bickering and fighting began to _____ my nerves.
   (a) grain
   (b) grate
   (c) gate
   (d) grab

Section Switch

One U.S. stock to watch is industrial conglomerate Tyco. It said it needs to close 300 factories so that it can cut costs by a billion dollars in the next three years. Only on Wednesday the company slashed its profit estimates for 2007 and sacked the chief in one of its units over accounting irregularities. The shake-up follows a year of financial scandals. Tyco's Chairman Edward Breen has said, "Heads will roll!" if any more problems are found. Shares are currently falling more than 3.5 percent.

Translation

관찰해야 할 미국 주식 하나는 산업 재벌 타이코 주식이다. 이 회사는 300개의 공장 문을 닫아야 하며, 그 결과 앞으로 3년은 십억 달러를 절약할 수 있을 것이라고 밝혔다. 불과 수요일에 그 회사는 2007년 예상 수익을 대폭 삭감하고, 회계 부정의 책임을 물어 계열사 중 한 곳의 장을 해고했다. 그러한 대규모 인사이동은 일 년 동안의 금융 스캔들에 뒤이어 일어난 일이다. 타이코 회장 에드워드 브린은 이 이상 더 많은 문제들이 발견된다면 "목이 달아날 것이다" 라고 말했다. 주식은 현재 3.5퍼센트 이상 떨어지고 있다.

Vocabulary

conglomerate (거대) 복합 기업, 대기업
slash 대폭 인하[삭감]하다
sack 해고하다
irregularities 부정행위[사건]
heads will roll 몇 사람의 목이 날아가다

Vocabulary

☞ **경제/경영**

account	계좌	lucre	이익
bargain	매매 계약, 거래	mischief	손해
bidding	입찰	moratorium	지불 정지
forge	위조하다	mortgage	저당, 저당잡히다
inflation	인플레이션	national treasury	국고
installment	분할 불입(금)	notary	공증인
interest	이자	offset	상쇄하다
monetary system	화폐 제도	remuneration	보수, 보상, 급료
passbook	통장	revenue	세입
principal	원금	stagflation	경기 침체하의 인플레이션
promissory note	약속 어음		
usury	고리대금업		
barter	물물 교환하다		
bond	보증(금)		
clearing house	어음 교환소		
commodity	상품, 일용품		
peddler	행상인		
proprietary	독점의		
retail	소매(상)		
rush	대수요, 주문 쇄도		
speculate	투기하다		
stock-taking	재고 조사		
subcontract	하청 계약		
outlay	지출, 소비		
pumping-priming policy	경기부양책		
recession	경기 후퇴, 불경기		
skyrocket	물가가 치솟다		
slump	물가가 폭락하다		
stagnation	침체, 불경기		
tycoon	실업계의 거물		
indemnity	배상, 변상		
liquidation	(부채의) 청산		

Chapter 2

단어

Theme 08 Word Clinic

은근히 뜻이 어려운 단어

audit	회계감사를 하다
bail	보석
boarder	하숙인, 기숙생
candidacy	입후보, 후보 자격
collected	침착한
competitive	(가격 등이) 경쟁력 있는 ◐ competitive price 상대적으로 저렴한 가격
efficacy	효율성
herald	예고하다, 알리다
hoard	저장하다, 사재기하다
immortalize	불후의 명성을 주다, 영원히 기념하다
kingpin	중심 인물
knock back	퇴짜
knowingly	고의로
leisurely	여유 있게
measly	아주 적은 양의
medicinal	약효가 있는
presidency	president의 지위[직, 임기]; 통솔, 통합
resounding	틀림없는

snooze	졸면서 시간을 보내다
tutorial	지도서
unflagging	늘어지지 않는, 지치지 않는
untoward	적당하지 않은, 탐탁하지 않은

1. A: Did the court make a judgement?
   B: Fortunately, he was released _____ which was set at 1,000,000 won.
   (a) for a suit
   (b) on bail
   (c) by a quarantine
   (d) on feud

2. He ate _____ amounts of food in a desperate attempt to lose weight.
   (a) measly
   (b) abundant
   (c) ample
   (d) mealy

○고난이도 3. A U.S. military presence on the Korean peninsula could help deter any _____ Chinese actions against Korea and dampen tensions in Korea-Japan relationships.
   (a) expected
   (b) appropriate
   (c) untoward
   (d) relevant

4. Because people expected prices to rise rapidly, they started to _____ goods.
   (a) hoard
   (b) inspect
   (c) solicit
   (d) swell

5. The American later _____ the music as "the country," and it has been part of every performance ever since.
   (a) imposed
   (b) flaunted
   (c) lifted
   (d) immortalized

Theme 09 Word Clinic

어지간해서는 잘 안 나오지만 나오면 괴로운 단어 ①

affidavit	진술서
bloated	불필요한
brazen	철면피의 ◐ brazen impudence 철면피
buoy	부표; 둥둥 띄우다, 기운을 북돋우다
buzzword	(현학적) 전문용어
dithery	우유부단한
fathom	측정하다
flutter	펄럭거리다
freckle	주근깨
glean	수집하다
hedgerow	산울타리
jabber	(흥분하여) 빠르게 말하다, 재잘거리다
kegger	맥주 파티 (= keg party)
mandible	아래턱, 하악
mopey	시무룩한, 풀이 죽은
prick	찌르다
promiscuous	불규칙한
regale	융숭히 대접하다
rift	불화
sagging	가라앉은, 축 늘어진

1. A: The authorities are increasing the tax rate on capital gains and keeping interest rates high.
   B: Well, neither one can _____ investor mood, I think.
   (a) float
   (b) heighten
   (c) buoy
   (d) appraise

2. A: What's the matter? You've been _____ all day.
   B: I'm sorry. I'm just worried about the test results.
   (a) mopey
   (b) vague
   (c) loose
   (d) vulnerable

3. Some couples starve for small talk that reunions begin with a rush of _____.
   (a) embalming
   (b) giggling
   (c) jabbering
   (d) snuggling

4. Unexpected good news from her family lifted her _____ spirit.
   (a) angry
   (b) sagging
   (c) embittered
   (d) downturn

5. When the construction company failed to complete the bridge on time, a _____ between them and the city began.
   (a) grudge
   (b) breach
   (c) smear
   (d) rift

Theme 10 Word Clinic

어지간해서는 잘 안 나오지만 나오면 괴로운 단어 ②

burgeoning	신흥의
cantankerous	투덜거리는
defoliant	고엽제
facade	(건물의) 정면, 외관
garner	모으다, 축적하다
legion	숫자
lousy	비참한
luscious	화려한
machination	음모, 모략
mangrove	맹그로브, 홍수림(열대 강어구나 해변에 생기는 숲)
pricking	따끔따끔한
protean	변화무쌍한, 한 사람이 여러 일을 하는(Proteus 신에서 유래됨)
squeaking	삐걱거리는 소리가 나는
starchy	전분질이 많은
straggling	뿔뿔이 흩어지는
wimp	약골

1. A: Let me win. My girlfriend thinks I'm a _____.
    B: It's not my problem that she thinks you are weak.
    (a) wimp
    (b) wimble
    (c) wimple
    (d) wit

2. The new building is very modern inside, but when seen from the street, its _____
    blends in with the district's 18th-century style.
    (a) fringe
    (b) verge
    (c) guise
    (d) facade

3. Environmentalists have _____ enough support from political groups to
    advocate for the proposed new environment policy.
    (a) gambled
    (b) gabled
    (c) garnered
    (d) cornered

4. In the delivery room, my wife became _____ and refused to follow the
    obstetrician's advice.
    (a) oscillating
    (b) debilitating
    (c) rehabilitating
    (d) cantankerous

5. One can see an endless succession of pictures in the _____ of clouds.
    (a) pricking
    (b) bearish
    (c) protean
    (d) clarified

Theme 11 Word Clinic

일반적인 고난이도 단어

atheist	무신론자
boorish	뜨내기
deity	신성
fastidious	까탈스러운
hedonistic	쾌락주의의
heinous	극악한
idyllic	목가적인
imbecile	저능한; 바보
infatuate	매료되게 하다
lynch	사형(私刑)을 가하다
reluctantly	마지못해
skirmish	작은 전쟁[접전]
sluggish	느려 터진, 게으른
trillion	1조

1. A: He has never believed in any type of deity.
   B: Is he a(n) _____? I thought that he occasionally prays when facing difficult problems.
   (a) conservative
   (b) atheist
   (c) reclusive
   (d) therapeutist

2. Nobody likes him because he is very _____ about everything.
   (a) fastidious
   (b) casual
   (c) social
   (d) bright

3. Prato has become the center of a clash between two cultures: the dynamic hard-working Chinese, pushing Italian making globalizational _____, versus the Old World Italians, wedded to their traditional family businesses.
   (a) willingly
   (b) simultaneously
   (c) reluctantly
   (d) passionately

4. He was inflicted with a deadly wound while in a _____ with the well-trained enemy.
   (a) boorish
   (b) flourish
   (c) skirmish
   (d) sluggish

5. North Korea's leader, Kim Jung Il, criticized the late president Bush as being a political

   _____.
   (a) facile
   (b) docile
   (c) domicile
   (d) imbecile

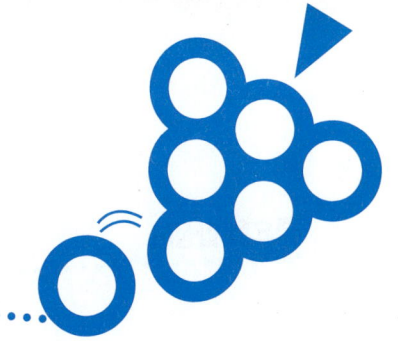

Theme 12 Word Clinic

중요한 합성어

bittersweet

bitter 쓴 + sweet 달콤한 = bittersweet 만감이 교차하는

court-supervise

court 법원 + supervise 관리하다 = court-supervise 법정관리하다

burn-out

burn 화상 + out 지나치게 = burn-out 대화재, 극도의 스트레스

disrespect

dis 반대 + respect 존경하다 = disrespect 모독하다

downsize

down 아래로 + size 크기 = downsize 줄이다

far-fetched

far 멀리, 훨씬, 매우 + fetched 무리한, 억지의 = far-fetched 무리한, 부자연스러운, 억지의

gift-wrap

gift 선물 + wrap 싸다 = gift-wrap 선물용으로 포장하다

ground-breaking

ground 땅 + breaking 깨부수는 = ground-breaking 선구적인

hard-wired

hard 딱딱한 + wired 유선의 = hard-wired 하드웨어에 내장된, 회로접속의, 내재된, 고유의

◐hard는 hardware의 준말로 봐야 함.

low-down

low 낮은 + down 아래 = low-down 실정, 내막

◐발생된 사건의 '아래에' 감춰진 것, 즉 사건을 일어나게 한 '근본적인' 원인을 의미함.

중요한 합성어

manhunt

man 사람, 남자 + hunt 사냥 = manhunt (조직적인) 범인 수사

mouthpiece

mouth 입 + piece 조각 = mouthpiece 대변인

out-compete

out 벗어난 + compete 경쟁하다 = out-compete 능가하다

outgoing

out 밖으로 + going 가는 = outgoing 외향적인, 사교적인

picture-perfect

picture 그림 + perfect 완전한 = picture-perfect (그림처럼) 완벽한, 완전무결한, 이상적인

○ 서구에서의 그림은 조형적으로 완벽한 것, 현실의 세계를 뛰어넘는 이상적인 것이라는 뉘앙스. '조각 같은 외모' 와 비슷한 의미.

quick-witted

quick 빠른 + witted 재치가 있는 = quick-witted 재치가 있는

run-down

run ~한 상태로 되다 + down 아래에 = run-down 지친, 피곤한, 황폐한, 허름한

○ run은 '달리다' 라는 뜻이 아니라, '~한 상태로 되다' 라는 의미. 따라서 run-down은 문자 그대로 '아래로 가라앉게 되다' 라는 뜻을 가진다. 신체에 대해서는 '피곤한', 사물에 대해서는 '작동을 멈춘' 의 뜻으로 보면 되겠다.

run-up

run 달리기 + up 위로, 완전히 = run-up 준비기간

○ run-up은 원래 육상경기에서 '도움닫기' 라는 뜻인데, 그 의미가 확장되어 '준비기간, 전단계' 라는 뜻으로 쓰인다.

shoot-out

shoot 발사하다 + out 밖으로 = shoot-out 총격전

short-circuit

short 짧은, 불충분한 + circuit 흐름 = short-circuit 방해하다, 마비시키다

◉ short-circuit은 흐름이 도중에 끊긴다는 의미.

snow-bound

snow 눈 + bound 묶인(bind의 과거분사형) = snow-bound 눈에 발이 묶인, 교통이 두절된

1. A: I'll take this one. Can I have it _____?
    B: Sure, why not?
    (a) present-wrapped
    (b) gift-wrapped
    (c) present-packaged
    (d) gift-packaged

2. Scientists previously hypothesized that the first dinosaurs quickly _____ their more
    primitive cousins, known as "basal dinosauromorphs," condemning them to extinction.
    (a) out-competed
    (b) praised
    (c) fractured
    (d) introduced

3. A: Kim did a good job in her performance. She deserves the title of "Queen."
    B: Yes, her short program was _____.
    (a) blunt
    (b) picture-perfect
    (c) extravagant
    (d) preposterous

4. A: A thousand thoughts cross my mind as I graduate from college.
    B: It feels good to be a decent member of society, but I also feel the lack of something.
        It's sort of _____.
    (a) pathetic
    (b) bothersome
    (c) bittersweet
    (d) come and go

5. Due to the bankruptcy of one of our biggest clients, we may have to _____ our
    production crew.
    (a) lengthen
    (b) deduce
    (c) optimize
    (d) downsize

Section Switch

There are two kinds of memory: short-term and long-term. Information in long-term memory can be recalled at a later time when it is needed. The information may be kept for days or weeks. Sometimes information in long-term memory is hard to remember. Students taking exams often have this experience. In contrast, information in short-term memory is retained for only a few seconds, usually by repeating the information over and over. For example, you look up a number in the telephone book, and before you dial, you repeat the number over and over. If someone interrupts you, you will probably forget the number.

Translation

두 종류의 기억이 있다. 단기 기억과 장기 기억이다. 장기 기억의 정보는 나중에 필요한 경우 다시 생각해낼 수 있다. 그 정보는 며칠 또는 몇 주씩 보존될 수 있다. 이따금 장기 기억된 정보를 떠올리기 어려울 때가 있다. 시험을 보는 학생들이 종종 이런 경험을 한다. 반면에 단기 기억 속의 정보는 보통 정보를 몇 번이고 반복함으로써 몇 초 동안만 유지된다. 예를 들어, 여러분은 전화번호부에서 번호를 찾아 다이얼을 돌릴 때까지 그 번호를 몇 번이고 되풀이한다. 만약 누군가가 방해라도 하면 아마도 그 번호를 잊어버릴 것이다.

Vocabulary

retain 보유하다, 계속 유지하다
look up 찾아보다

Vocabulary

☞ **법률**

administration of justice	사법	arson	방화(죄)
civil law	민법	blackmail	공갈 협박하다
code	법전	bugging	도청
constitution	헌법	delude	속이다
criminal law	형법	embezzle	횡령하다
the executive	행정부	ex-convict	전과자
judiciary	사법부	fraud	기만, 사기
legislature	입법부	holdup	노상 강도
complaint	고소	homicide	살인
conviction	유죄 판결	kidnap	유괴하다
court	법정	larceny	절도(죄)
cross-examine	반대 심문하다	misdemeanor	경범죄
culprit	범죄자, 형사 피고인	phony	사기꾼
custody	구류, 감금	racketeering	공갈
defendant	피고(인)	smuggle	밀수하다
fine	벌금	swag	장물
indict	기소하다	swindler	사기꾼, 협잡꾼
iniquity	부정[불법] 행위	promulgate	선포하다, 공포하다
innocence	무죄	shackle	수갑을 채우다, 구속하다
invalidity	무효		
jury	배심원		
lawsuit	소송, 고소		
life imprisonment	무기징역		
lose a case	패소하다		
parole	가석방		
penalty	형벌, 벌금		
perjury	위증(죄)		
plaintiff	원고		
plea	탄원, 진술		
practitioner	변호사		
prosecution	기소, 고발		
prosecutor	검사		
abduct	유괴하다		

Mini Test 1

Mini Test 1

Part 1

Choose the most appropriate word or expression for the blank in the conversation.

1. A: Which team do you think is going to win?
   B: I'm not sure, but they are _____ at the moment.
   (a) near the margin
   (b) on all sides
   (c) neck and neck
   (d) in top form

2. A: Dad, will we be able to afford the tuition if I get into Harvard?
   B: I'm afraid the _____ line is that we don't have that much money.
   (a) bottom
   (b) upper
   (c) limit
   (d) boarder

3. A: You did a great job, Ken.
   B: It wasn't just me. A lot of people worked behind the _____ to make it a success.
   (a) curtain
   (b) wall
   (c) scenes
   (d) back

4. A: This is a good opportunity to make some real money.
   B: I agree. I think it's _____.
   (a) a hunk of change
   (b) a big bargain
   (c) a golden chance
   (d) a fat chance

5. A: They disagree on lots of things with each other.
   B: It will be OK. I'm sure they can _____ the problem.
   (a) take on
   (b) iron out
   (c) call off
   (d) make a poor out

Part 2

Choose the most appropriate word or expression for the blank in the statement.

6. As soon as the winning team landed at the airport, there was a _____ of loud cheers from the fans standing outside.
    (a) gathering
    (b) company
    (c) supply
    (d) sflurry

7. Information technology has become so important that it is now _____ in most areas of government.
    (a) taking nothing
    (b) taking center stage
    (c) taking control
    (d) taking time

8. We could see at a distance some shepherds moving down the hill, but they were completely out of _____.
    (a) view
    (b) earshot
    (c) sight
    (d) order

9. The embassy has issued a travel _____ for its citizens not to travel in the conflict-affected areas.
    (a) agency
    (b) ticket
    (c) scheme
    (d) advisory

10. His unwillingness to _____ his principles makes him a great leader.
    (a) bend
    (b) lock
    (c) cook
    (d) tie

11. Small countries which are _____ are completely dependent on their neighbors for the supply of all essential commodities.
(a) landlocked
(b) padlocked
(c) locked
(d) surrounded

12. Although he has retired from the work, he still thinks that he has a _____ in the department and continues to interfere in its decisions.
(a) slate
(b) shake
(c) stake
(d) shape

13. As it is an eight-hour long hilly journey by car, travelers usually take a _____ at this point.
(a) dinner
(b) stopover
(c) drive
(d) ride

14. People often _____ the cat with the image of an introvert, but it actually has both a brilliant and hilarious character.
(a) associate
(b) object
(c) retort
(d) consider

15. You have roughly 10,000 _____ on your tongue. Without them, you wouldn't be able to experience salty, bitter, sweet, or sour sensations.
(a) tongue spots
(b) tongue mounts
(c) taste buds
(d) taste creep

Chapter 3

숙어

Theme 13 Word Clinic

색깔 관련 숙어

검은색

black market	암시장
in the black	흑자인

노란색

yellow dust	황사

녹색

green light	허가
green with envy	몹시 부러워하는

붉은색

in the red	적자인, 빚지고 있는
red tape	관료적 형식주의, 까다로운 민원절차
red-carpet	극진한, 융숭한 ⊙ a red-carpet reception 극진한 환영
red-hot	최근의
run a red light	정지 신호를 무시하고 가다

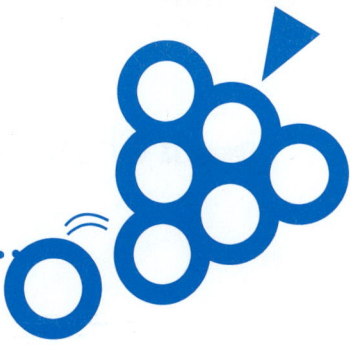

푸른색

blue blood	귀족의 혈통
blue-chip company	우량기업
feel blue	우울한 기분을 느끼다
out of the blue	뜻밖에, 불시에
once in a blue moon	아주 드물게

하얀색

white elephant	성가신 물건, 처치 곤란한 물건

1. A: Getting permission for the street performance is just so complicated.
   B: I agree. The district office should abandon this _____.
   (a) selfishness
   (b) bureaucrat
   (c) insulating tape
   (d) red tape

2. A: How could you kiss her? She is my sister.
   B: I didn't mean to. It just happened _____.
   (a) on the demand
   (b) in a breeze
   (c) out of the blue
   (d) out and out

3. A: I'm going out with her.
   B: Really? The girl from the soap opera? I'm _____.
   (a) flattered
   (b) with good fortune
   (c) flirting with her
   (d) green with envy

4. A: It's just too much money for one party.
   B: But she is expecting _____.
   (a) a carpe diem
   (b) the red carpet
   (c) a bargain
   (d) a good working salary

5. Although _____ does not run in Kerry's ancestry, he has always been fascinated
   with the royal family.
   (a) blue blood
   (b) red hot
   (c) to the bone
   (d) hanging fire

Theme 14 Word Clinic

엉뚱한 단어가 들어가 헷갈리는 숙어

biscuit
take the biscuit   (특히 안 좋은 쪽으로) 최고이다

grain
go against the grain   성격에 맞지 않다
○ grain은 '낱알' 이라는 의미 외에도 '성격, 성질' 이라는 뜻을 가지고 있다.

curry
curry favor with   ~에게 아첨하다, ~의 비위를 맞추다
○ 여기서 curry는 '카레로 맛을 내다' 라는 의미이다. 그래서 curry favor with는 누구의 입맛에 맞게 맛을 낸다, 즉 '아첨하다, 비위를 맞추다' 라는 의미가 되었다.

mantle
take on the mantle of   ~의 책임을 떠맡다

pretty
be sitting pretty   잘 되고 있다

shut-eye
get some shut-eye   눈을 잠시 붙이다

stride
take ~ in one's stride   ~을 손쉽게 해내다

stunt
pull a stunt   멍청한 짓을 하다

tube
go down the tube   파산하다

1. A: Why do we have to _____ favor with Ms. Choi? I cannot stand it anymore!
    B: Same here. I'm on the brink of resigning.
    (a) serve
    (b) curry
    (c) court
    (d) ask

2. A: Actually, Mom, I want to talk to you about something I did wrong.
    B: I'm your mother. There is nothing you could tell me that I wouldn't take completely

    _____.
    (a) out of order
    (b) beyond words
    (c) on the job
    (d) in my stride

3. A: I stayed up last night working on my project.
    B: You'd better _____. You look so exhausted.
    (a) get drunk
    (b) get along
    (c) get some shut-eye
    (d) get somewhere

4. A: Have you seen John lately? I heard he was promoted.
    B: He sure was. And boy, is he _____!
    (a) moving on
    (b) steping up
    (c) sitting pretty
    (d) rising to a fence

5. A: Jill drank too much and then she left without saying good-bye to anyone.
    B: What a fool! Only an idiot would _____ like that!
    (a) draw it mild
    (b) pull a stunt
    (c) figure out
    (d) remove mountains

Theme 15 Word Clinic

뜻을 파악하기 힘든 고난이도 숙어 ①

get wind of	~의 낌새를 채다
get a fix on	~의 위치를 확인하다
go the extra mile	신경을 쓰다
go a long way	(효과 등이) 오래 가다
lovely weather for ducks	공교롭게 비가 많이 오는 날(오리들이 아주 좋아하는 날씨)
take the edge off	감정을 가라앉히다, 기분을 풀어주다
down and out	가난한
down in the dumps	풀이 죽은, 울적한
down with it	이해하다
down the drain	낭비되어, 수포로 돌아간 ⊙pour down the drain 돈을 물 쓰듯 하다
down through	줄곧, 내내
twist A's arm	A에게 강제로 시키다
come full circle	회복하다
fat cat	권력과 명성을 지닌 갑부

1. A: You look very tired. May I help you with your baggage?
   B: You don't have to _____ for me. But thank you.
   (a) go a long way
   (b) go the extra mile
   (c) be true to nature
   (d) tie the knot

2. A: It's going to rain on our picnic day.
   B: Yes, it will be _____.
   (a) a lovely picnic day
   (b) lovely weather for ducks
   (c) shining cats and dogs
   (d) good luck

3. A: Can you _____ us?
   B: Hell, yeah, we can. Sit tight. We'll be right there.
   (a) search for
   (b) get near
   (c) take precaution against
   (d) get a fix on

4. A: So close to the election? Don't be ridiculous. If the press _____ this...
   B: I'll go down there and handle it.
   (a) gets wind of
   (b) prepares for
   (c) takes no notice of
   (d) passes over

5. A: It helps _____, and I'm sure you could use it.
   B: Thanks, but I feel better now. I don't need it anymore.
   (a) turn the air blue
   (b) string yourself up
   (c) take the edge off
   (d) put you in order

뜻을 파악하기 힘든 고난이도 숙어②

take the cake	상을 타다, 이기다, 보통이 아니다
take it hard	몹시 괴로워하다, 슬퍼하다
get nowhere	실패하다, 진척이 없다
doubting Thomas	의심을 아주 많이 하는 사람
rise above self	과욕을 버리다
magic bullet	묘안, 비책
take pot luck	기회를 얻다
on cloud nine	매우 행복한, 날아갈 듯이 기쁜
bark up the wrong tree	헛다리를 짚다, 엉뚱한 사람을 추적하다
do one's nut	화가 엄청 나다
stir the pot	화나게 하다
do the trick	효과가 있다

1. A: What a great concert! It really _____. Thanks for inviting me here.
   B: Thanks for coming. And I also want you to come to the reception.
   (a) revealed the mercy
   (b) gave away
   (c) took the cake
   (d) lifted the curtain

2. A: Trying to talk your teacher into letting you off early will _____.
   B: I should stay here after school hours.
   (a) get you nowhere
   (b) take his advice
   (c) hold you down
   (d) live high

3. A: My grandfather passed away last night. I cried all day long.
   B: Did your brother _____ pretty hard?
   (a) take it
   (b) call it
   (c) bring it
   (d) put it

4. A: Lindsay seems to distrust everyone around her and disbelieves what others say.
   B: She reminds me of a _____.
   (a) distrustful Jane
   (b) suspicious Mike
   (c) skeptical John
   (d) doubting Thomas

5. A: Mike is such a greedy man who only pursues his own goals.
   B: He really needs to _____.
   (a) be covetous
   (b) be grasping
   (c) attempt too much
   (d) rise above self

뜻을 파악하기 힘든 고난이도 숙어 ③

have the run of one's teeth	(근로자가 근로 대가의 일부로서) 무료로 식사를 하다
have one's run	자유를 누리다
serve a meal	식사 시중을 들다
skip a meal	식사를 거르다
give up the spirit	죽다
a bit on the shy side	숫기가 없는
write out fair	정서하다(글씨를 또박또박 쓰다)
music to A's ears	듣던 중 반가운 소리
come to A's ears	A의 귀에 들어오다(다른 사람들이 이미 알고 있는 사실에 대해 듣다)
perk up one's ears	귀를 바짝 기울이다
fill the bill	제값을 하다; 필요한 표준에 달하다

1.　A: Do I need to pay for my own meals or does the company provide it for free?
　　B: You don't have to buy your own meals. You may _____ in our firm's cafeteria.
　　(a) have the run of your teeth
　　(b) have your run
　　(c) serve a meal
　　(d) skip a meal

2.　A: Would you look over my paper?
　　B: Your handwriting is terrible. I can hardly read it. You need to _____ if you want
　　　　to get a good score.
　　(a) cast a spell
　　(b) spell correctly
　　(c) write out fair
　　(d) write off

3.　A: Paul stuttered a lot while performing the presentation in front of his co-workers.
　　B: I guess he's quite a bit _____.
　　(a) barefaced
　　(b) unashamed
　　(c) on the shy side
　　(d) brazen-faced

4.　A: As the prophet had predicted, the king _____.
　　B: Then what happened to the king's country after his death, Mom?
　　(a) left alone
　　(b) was sent away
　　(c) went for nothing
　　(d) gave up the spirit

5.　A: Don't you feel bored being at home all day? Let's go to the movies.
　　B: That's _____. I really wanted to go out somewhere.
　　(a) coming to my ears
　　(b) music to my ears
　　(c) perking up my ears
　　(d) rasping sound

Theme 18 Word Clinic

쉬워 보이지만 이해하기 어려운 숙어

수다

big mouth	수다쟁이
never lose one's telling	말이 많다

◉ A tale never loses in the telling.(이야기는 되풀이하면 커지는 법이다.)에서 나온 표현

연락

get hold of	~와 연락하다
keep A posted	A에게 소식을 알려주다
lose touch	연락이 끊기다

chance

stand a chance	가망이 있다
take a chance	위험을 감수하다
leave to chance	운에 맡기다

nerve(s)

get on A's nerves	A를 화나게 하다
have the nerve to-V	뻔뻔스럽게 ~하다

tongue

bite one's tongue	참다
hold one's tongue	입을 다물다, 침묵을 지키다

1. A: I'm really sick of talking with him.
    B: I know. He _____.
    (a) always loses his telling
    (b) is eloquent
    (c) has a big mouth
    (d) says a mouthful

2. A: I don't have her number anymore. We lost _____.
    B: Will you call me if you find it?
    (a) way
    (b) touch
    (c) patience
    (d) out

3. A: Why do you have such a long face? Is something wrong?
    B: She _____ criticize my performance.
    (a) was shocked to
    (b) was reluctant to
    (c) had the nerve to
    (d) brought up to

4. A: Do you really think Manchester United is going to win the final?
    B: Yeah, they _____ of success.
    (a) take a risk
    (b) stand a chance
    (c) take a chance
    (d) leave to chance

5. The old lady is so hot-tempered that I always have to _____ my tongue when speaking with her.
    (a) taste
    (b) slip
    (c) clean
    (d) bite

Theme 19 Word Clinic

under strain	긴장하여
tie up loose ends	미결된 문제를 해결하다
up in the air	아직 정해지지 않은
bite the bullet	이를 악물고 참다, 고통을 견디어 내다
tear off	(옷을) 급히 벗다; 일을 신속히 처리하다
burst out	돌발하다
rise in life	출세하다
learn the ropes	요령을 익히다, 기본기를 배우다
deal out	분배하다
get a handle	조작하다, 해결하다
hold together	결합시키다
all the rage	대유행

1. A: I couldn't sleep for two whole days. And it's getting harder to keep myself in good shape.
    B: The answer is right under your nose. You ought to _____.
    (a) tear off
    (b) burst out
    (c) bite the bullet
    (d) keep off the distress

2. A: To make money in stocks, all I need is some cash, right?
    B: You need more than that. It takes a while to _____.
    (a) deal out
    (b) get a handle
    (c) hold together
    (d) learn the ropes

3. A: How is your party preparation going?
    B: Everything's _____. My wife is also making it difficult for me.
    (a) raised in the sky
    (b) up in the air
    (c) out of tune
    (d) under strain

4. A: You know, your boss made a huge mess.
    B: I don't know where to begin. There are so many loose ends to _____.
    (a) attach on
    (b) tie up
    (c) stick fast
    (d) join out

5. A: I see lots of girls wearing mini-skirts and kill-hills in the street these days.
    B: Yeah, it's _____ at the moment.
    (a) moss-grown
    (b) out of date
    (c) all the rage
    (d) rose-colored

평범해 보이지만 늘 조심해야 하는 숙어 ②

chip off the old block	(기질 등이) 아버지를 꼭 닮은 아들
put on the dog	잘난 척하다
live high on the hog	사치스럽게 살다
low on the hog	알뜰하게
on the blink	고장이 나서
pain in the neck	골칫거리
paper tiger	종이호랑이(겉으로만 강한 척, 허장성세)
pour one's heart and soul into	~에 심혈을 기울이다
out of display	보란 듯이
on the house	공짜로
hit the roof[ceiling]	발끈하다, 격노하다

1. A: Vincent Van Gogh's works are complete masterpieces.
    B: I agree. I heard that he _____ painting this Sunflower.
    (a) lived high on the hog
    (b) spilt his secret out
    (c) poured his heart and soul into
    (d) went wild into

2. A: I've got a really urgent e-mail and my PC is _____.
    B: Calm down. I'll call the Service Department.
    (a) on specific condition
    (b) out of display
    (c) on the whole
    (d) on the blink

3. A: It's impossible to meet the deadline.
    B: If you don't get it done on time, your boss will _____.
    (a) bang into you
    (b) knock over
    (c) hit the roof
    (d) belt around

4. A: May I have a meal in here for free?
    B: Of course you can. All food and drinks are _____ since today is our grand opening.
    (a) too steep
    (b) on the house
    (c) exorbitantly dear
    (d) stiff price

5. A: I don't understand why Jane keeps buying expensive items which are useless.
    B: I guess she wants to have the satisfaction of _____.
    (a) being low on the hog
    (b) putting on the dog
    (c) living simply
    (d) being of simple tastes

Section Switch

Popular fast foods contain levels of salt so high that they are a danger to health, a report has found. There is a strong link between salt, high blood pressure and coronary vascular disease, including heart failure, kidney failure and stroke. Children who eat a high sodium diet are at risk of developing obesity, asthma and high blood pressure.

Translation

대중적인 패스트푸드는 염분 농도가 아주 높아서 건강에 위험하다는 연구 결과가 나왔습니다. 소금은 심장마비, 신부전증, 뇌졸중을 포함하여 고혈압 및 심장혈관 질환과 강한 연관이 있습니다. 나트륨이 많이 든 음식을 먹는 아이들은 비만, 천식, 고혈압이 발병할 위험이 있습니다.

Vocabulary

coronary vascular disease 심장혈관 질환
heart failure 심장마비
kidney failure 신부전증
stroke 뇌졸중
sodium 나트륨
obesity 비만
asthma 천식

Vocabulary

☞ **정치/외교**

ballot box	투표함
by-election	보궐선거
candidate	후보자
plurality	과반수
poll	투표
referendum	국민투표
suffrage	참정권; 투표
administration	행정
anarchy	무정부상태
autarchy	독재권, 전제 정치
autocracy	독재 정치
bicameral	양원제의
cabinet	내각
commonwealth	연방국, 연합
delegate	대표자
overthrow	뒤엎다, 쓰러뜨리다, 전복시키다
parliament	의회, 국회
ratify	비준하다
regent	섭정
regime	정권
reign	통치 기간
secession	탈당
treaty	조약, 협정
aristocracy	귀족 정치
aristocrat	귀족
bourgeois	유산 계급
proletariat	무산 계급
bureaucracy	관료 (정치)
chauvinism	국수주의
communism	공산주의
stopgap	미봉책
theocracy	신정(神政)

Chapter 4

표현

까다로운 표현들 ①

I'll drink to that.	난 찬성이야.
Don't tell a soul.	아무에게도 말하지 마.
How's life treating you?	어떻게 지내니?
Did I make myself clear?	제 말 이해되셨어요?
My ears are burning.	귀가 근질거리네.(누군가가 내 욕을 하는 것 같아.)
Please do.	좋을 대로 하세요.
How goes it?	요즘 어때?
I'll let you know soon.	곧 알려줄게.
It's (definitely) no picnic.	절대 쉬운 일이 아니야.
It's out of my budget.	(물건을 살 때) 제 예산을 초과하네요.
That's not the case.	사실은 그렇지가 않아.
as the crow flies	가장 가까운 직선거리로

1. A: Let's have pizza for dinner.
   B: I'll _____ that!
   (a) jump for
   (b) drink to
   (c) hang on
   (d) say to

2. A: Is it true that Janice and Joe are getting married in June?
   B: Maybe. But they haven't decided for sure yet. So, don't _____.
   (a) cover to air
   (b) tell a soul
   (c) spill the milk
   (d) address an ear

3. A: Did I make myself _____?
   B: Yes, sir. I understand what you mean.
   (a) learned
   (b) known
   (c) understanding
   (d) clear

4. A: Do you mind if I call you Vicky?
   B: _____ Besides, I prefer it when people use my first name.
   (a) My pleasure.
   (b) You're welcome.
   (c) How goes it?
   (d) Please do.

5. A: When can we talk about the contract?
   B: Wait a little. In a few days, I'll _____ you know.
   (a) let
   (b) take
   (c) discard
   (d) inform

까다로운 표현들 ②

Fancy meeting you here!	여기서 널 만나다니!
I have something for you.	너에게 줄 선물이 있어.
It dawned on me that~	~라는 생각이 들었다
It never hurts to ask. (= It can't hurt to ask.)	물어 봐서 손해날 건 없어.
Keep it to yourself.	너만 알고 있어.
Nice going!	잘한다! ○ 반어적으로도 쓰임
Not exactly.	꼭 그렇지만은 않아.
Opposites attract.	극과 극은 통하지.
Suit yourself!	네 맘대로 해!
It's not a big deal.	별일 아니야.
You're telling me.	동감이야.
(That's) fair enough.	(제안에 대하여) 됐어.
damned if you do, damned if you don't	해도 안 좋고, 안 해도 안 좋다

1. A: Mom, may I play computer games tonight?
    B: Again? _____. When are you going to study for the test?
    (a) Keep going
    (b) Heavy going
    (c) Nice going
    (d) Easy going

2. A: Jane! _____ meeting you here!
    B: Kathy! What a surprise!
    (a) Surprise
    (b) Fancy
    (c) Good
    (d) Imagine

3. A: I have to apologize to you. It _____ me last night that you were right about
       this job.
    B: So, you have finally come around?
    (a) started with
    (b) issued from
    (c) dawned on
    (d) set about

4. A: I have to work to pay for my tuition, but when I work, I don't have time to study.
    B: Sounds like you're _____ if you do, damned if you don't.
    (a) bad
    (b) good
    (c) damned
    (d) seen

5. A: How could a city boy like Ralph and a farm girl like Nancy fall for each other?
    B: Well, you know what they say. Opposites _____.
    (a) attract
    (b) differ
    (c) meet
    (d) satisfy

Section Switch

The "latte effect" of the go-go years had Americans spending $4 a day on coffee. Now the downturn is forcing them to rethink the wisdom of such habits. As inflation squeezes budgets, middle-class Americans are taking fresh stock of their spending in search of ways to save a nickel or a dime. The result: People are giving up a variety of small financial vices. While the idea that little costs add up is nothing new, it comes with added sticker shock as food and gasoline prices sprint along at a record pace. The result is that people are finally putting the brakes on vices once considered necessary, like frappuccinos.

Translation

경기가 좋은 시절의 "라떼 효과"는 미국인들이 커피 값으로 하루에 4달러를 쓰도록 했다. 이제 경기침체는 미국인들에게 그러한 습관이 현명한 것인지 재고해 보도록 하고 있다. 인플레이션이 생활비를 압박하면서 미국의 중산층은 푼돈이나마 줄이기 위한 방법을 찾기 위해 자신들의 소비생활을 새로 자세히 검토하고 있다. 그 결과 미국인들은 미미한 쓸데없는 지출을 그만두고 있다. 소소한 지출이 커진다는 생각은 전혀 새로울 게 없지만, 식품과 기름 가격이 기록적인 속도로 급등하면서 상품 가격표에 대한 충격이 부가되고 있다. 그 결과, 사람들은 한때 프라푸치노 커피와 같이 필수품으로 여겼던 나쁜 소비습관에 제동을 걸고 있다.

Vocabulary

downturn 불황, 침체
squeeze 쥐어짜다, 압박하다
take stock 평가하다, 자세히 뜯어보다

Vocabulary

☞ **생물**

amphibians	양서동물	marsupial	유대류의 포유동물
arthropod	절지동물	membrane	(얇은) 막
assimilation	동화작용	metabolism	신진대사
bacteria	박테리아	metamorphosis	변태
bait	미끼	mollusca	연체동물문(門)
bark	나무껍질	mutation	돌연변이
beak	(새의) 부리	parasite	기생충
biochemistry	생화학	paw	(개ㆍ고양이 등의 갈고리
botany	식물학		발톱이 있는) 발
zoology	동물학	peck	(부리로) 쪼다
carnivorous	육식성의, 식충성의	perennial	다년생 식물
cellulose	섬유소	petal	꽃잎
chromosome	염색체	primates	영장류
chrysalis	번데기	proliferate	증식하다
claw	(고양이, 매 등의) 발톱	protoplasm	원형질, 세포질
colloid	콜로이드	sponge	해면동물
ecology	생태학	spore	포자(胞子), 홀씨
entomology	곤충학	bough	큰 가지
enzyme	효소	spray	작은 가지
fauna	동물군	sprout	싹트다
ferment	발효시키다	stamen	수술
fermentation	발효	starch	녹말, 전분
fern	양치류	stem	줄기
fin	지느러미	stump	그루터기
fungus	진균류	survival of the fittest	적자생존
generic	속의	web	(물새 등의) 물갈퀴
genetics	유전학	wither	시들다
genus	종류, 속		
gland	선(腺), 분비 기관		
glucose	포도당		
herbivorous	초식성의		
heredity	유전, 유전적 형질		
mammal	포유동물		

Vocabulary

☞ **화학**

acid	산
alkalinity	알칼리성
aluminum	알루미늄
cadmium	카드뮴
carbon	탄소
carbohydrate	탄수화물
hydrochloric acid	염산
hydrogen	수소
isotope	동위 원소
lead	납
alchemy	연금술
alloy	합금
ammeter	전류계
catalyst	촉매
catalyze	촉매 작용을 하다
fluorescent	형광성의
generate	발생시키다
incandescent	백열의
solidification	응결
solid	고체
sublimation	승화물
vaporization	기화, 증발
volatile	휘발성의

Mini Test 2

Mini Test 2

Choose the most appropriate word or expression for the blank in the conversation.

1. A: That new Mexican restaurant is certainly nothing to write _____ about.
   B: Thanks for the warning. I was thinking of going there Saturday night.
   (a) talk
   (b) bone
   (c) utter
   (d) home

2. A: Why did you say that Kurt is interested in Judy?
   B: Because I can read Kurt like an open _____.
   (a) book
   (b) text
   (c) album
   (d) manual

3. A: How's your new car?
   B: It was such a bargain. They gave me a 10% discount with _____.
   (a) added guarantee
   (b) contract confirmed
   (c) bearing out
   (d) no strings attached

4. A: I heard that you proposed to Jane last night.
   B: To tell you the truth, I got drunk and proposed to her on the _____. I regret it a
      little bit now.
   (a) last moment
   (b) spur of the moment
   (c) very moment
   (d) fleeting moment

5. A: I hear through the _____ that we're getting a new co-worker.
   B: Really? I haven't heard anything about it.
   (a) green grass
   (b) grapevine
   (c) leaves
   (d) pear trees

6. A: How is your business coming along these days?
   B: I'm going to be up the _____ without a paddle if I don't get some new orders soon.
   (a) river
   (b) sea
   (c) creek
   (d) stream

7. A: Wouldn't you like to go for a walk?
   B: You can't _____ the wool over my eyes. You want me to do some shopping, don't you?
   (a) push
   (b) contract
   (c) fool
   (d) pull

8. A: She nearly passed out.
   B: I know, the doctor said her _____.
   (a) days are finished
   (b) days over
   (c) days and life
   (d) days are numbered

9. A: Why don't we go shopping at Macy's?
   B: You already spent your money buying that evening dress last week. Stop throwing money _____.
   (a) down and out
   (b) down with it
   (c) down the drain
   (d) down through

10. A: Brenda and Jim broke up just before their wedding. I think Jim _____.
    B: You mean he got too nervous to go through with the wedding?
    (a) got cold feet
    (b) blew hot and cold
    (c) had a thing cold
    (d) left her cold

Mini Test 2

Choose the most appropriate word or expression for the blank in the statement.

11. I advised him not to be too harsh on himself, for nobody's _____ to fix it right away.
(a) winding his way
(b) wrapping it over
(c) pressing on his way
(d) twisting his arm

12. He goofed up the whole exam, so he felt kind of _____.
(a) pain in the neck
(b) paper tiger
(c) lame in a leg
(d) down in the dumps

13. The Nagoya Protocol's goal is too modest to make a _____ in curbing pollution.
(a) dent
(b) tip
(c) brink
(d) right

14. The expansive action of water when it freezes within crevices of rocks splits them asunder and helps to pulverize them into _____.
(a) gravel
(b) boulders
(c) ice
(d) fertilizer

15. It had not been _____ slow to learn something of the Eskimo mentality, but I must say that the more I learn about it, the more fascinated I become.
(a) silently
(b) inordinately
(c) impassively
(d) gratuitously

Chapter 5

2어 동사

Theme 23 Word Clinic

까다로운 동사를 포함하는 2어 동사 ①

bump off	~을 죽이다
gloss over	~을 적당히 얼버무리다
gussy up	~을 꾸미다, 멋내다
jack up	(차 등을) 잭으로 들어 올리다
mull over	~을 숙고하다
reel in	~를 유혹하다
tip off	~에게 누설하다
gag on	메스껍다
switch off	흥미를 잃다, 이야기를 거의 듣지 않게 되다
spruce oneself up	말쑥하게 차려 입다, 멋을 부리다

1. A: Do you too think that Mr. Kim killed himself, Dr. Holmes?
   B: I don't think so. I'm sure he was _____. Let me explain why.
   (a) cooked up
   (b) dashed off
   (c) bumped off
   (d) egged on

2. A: I think we need some more time before making a final decision.
   B: Absolutely. We should _____ whether to accept the proposal or not.
   (a) keel over
   (b) eat into
   (c) hang back
   (d) mull over

3. A: I really like Peter, but I don't know how to get his attention.
   B: You really need to _____ yourself up if you want a chance with him.
   (a) spun
   (b) stuck
   (c) spruce
   (d) snooze

4. A: I'd like to renovate this house and _____ up the kitchen with marble counter tops.
   B: That will cost an arm and a leg.
   (a) stir
   (b) gussy
   (c) work
   (d) act

5. A: I hate attending the morning assembly.
   B: Me, too. I was so bored stiff this morning that I almost _____ during the principal's speech.
   (a) turned off
   (b) passed off
   (c) reeled off
   (d) switched off

까다로운 동사를 포함하는 2어 동사 ②

bottle up	~을 봉쇄하다, 포위하다, 가두다
call off	물러가게 하다; (계획 등을) 중지하다, 취소하다
hook up	(기기를 전원 등에) 연결하다
huddle up	급히 떼지어 모이다
map out	자세히 계획을 세우다
mess up	~을 망치다
mete out	(상이나 벌 등을) 주다
mow down	(적군을) 무찌르다, 대량 살육하다
patch up	일시적으로 수습하다
wear on	초조하게 만들다
wear out	닳게 만들다
chuck over	갑자기 관계를 끊다
muck up	~을 망치다
wrap up	옷을 껴입다

Theme 24 Challenge ···

1. A: This may be your last chance. Don't spoil it.
   B: OK. I won't _____ it up again.
   (a) mass
   (b) lose
   (c) miss
   (d) mess

2. A: I know this place can _____ you, but if you need to talk, I'm around.
   B: That's really good to know. I feel so much more comfortable now.
   (a) demand on
   (b) wear on
   (c) break on
   (d) bring on

3. As the police fired shots into the air, the protestors became afraid and _____ up in the corner of the building.
   (a) feared
   (b) huddled
   (c) massacred
   (d) surrendered

4. A: Don't you think that we should go out on our first date before you _____ our entire future?
   B: See, that just goes to show how little you know me.
   (a) map out
   (b) mete out
   (c) pay attention to
   (d) describe yourself as

5. A: It's very hot.
   B: I agree, but why does he _____ up this muggy day?
   (a) hook
   (b) patch
   (c) wrap
   (d) bottle

Theme 25 Word Clinic

유추하기 힘든 뜻이 되는 2어 동사

add up	이치에 맞다
come forward	~을 진척시키다, 진전시키다
cry off	(약속 등을) 취소하다
die down	기세가 누그러지다, 점점 조용해지다
sleep off	잠으로 ~을 떨쳐버리다
sleep on	~을 하룻밤 자며 생각하다, 숙고하다
act up	사납게 굴다, 장난치다, 떠들다
get across	~을 건너다, 이해시키다, 전하다
eat up	~에 열중하게 하다, 몰두하게 하다
butter up	~에게 아부하다, 아첨하다

1. A: I have enough time. I can wait.
    B: Look, it'll be worse if you wait. You have to _____.
    (a) take your time
    (b) keep composure
    (c) come forward
    (d) put it off

2. A: Alex thinks I'm smart.
    B: He always says nice things to pretty girls. He is just _____.
    (a) bringing you down
    (b) delivering you over
    (c) inflicting you on
    (d) buttering you up

3. A: I don't think I'm _____ the direness of this situation.
    B: Oh, no, you're very dire, but I'm still gonna stay and fight against the enemy.
    (a) getting across
    (b) getting ahead
    (c) getting anywhere
    (d) getting done with

4. A: Does he like reading novels?
    B: He always reads books about history. He _____ books, I guess.
    (a) has after
    (b) is eaten up with
    (c) reserves for
    (d) is kept up with

5. A: What he said just doesn't make sense.
    B: I agree with you. His story doesn't _____.
    (a) rally round
    (b) unite with
    (c) blend in
    (d) add up

Theme 26 Word Clinic

같이 오는 부사 전치사가 두 개인 2어 동사

away with
get away with   (나쁜 일을 하고도 처벌을) 교묘히 피하다

back on
go back on   (약속 등을) 깨다

down on
weigh down on   ~의 마음을 무겁게 하다

down to
get down to   ~에 본격적으로 대들다

down with
come down with   ~의 병에 걸리다

in for
go in for   (특정한 일을) 즐기다

in with
fit in with   ~와 잘 어울려 지내다

out with
come out with   ~을 세상에 내놓다, 출시하다

over with
get over with   ~을 끝내다

up against
run up against   ~와 충돌하다, ~에 부딪치다

up for
make up for   ~을 보상하다
gear up for   ~에 대한 준비를 갖추다
set up for   ~을 준비하다
sign up for   ~을 수강신청하다
stand up for   ~을 옹호하다, 지지하다
stick up for   ~을 변호하다, 옹호하다

up on
take up on   ~을 받아들이다

up against
come up against   ~에게 대항하다, ~와 충돌하다

up to
come up to   ~에게 다가오다
stand up to   ~에 맞서다

up with
break up with   ~와 헤어지다
come up with   ~을 생각해내다
end up with   ~와 끝까지 함께하다
keep up with   ~에 뒤떨어지지 않다
put up with   ~을 견디다
make up with   ~와 화해하다
take up with   ~와 친구가 되다

1. A: When my mom asked me about my school report card, I lied to her about it.
    B: Be careful. If she finds out, it may _____ you.
    (a) weighed down on
    (b) be down and out
    (c) come down on
    (d) get down to

2. A: Look at Jack! He's just gorgeous with those fabulous new items.
    B: I think he's the most fashionable man who always _____ the latest style in our company.
    (a) puts up with
    (b) comes up with
    (c) catches up with
    (d) keeps up with

3. A: It's not her fault. Don't blame her for it.
    B: You don't have to _____ her though.
    (a) tie the knot
    (b) stick to
    (c) leave aside
    (d) stick up for

4. A: Why did you go to hospital?
    B: I was _____ down with the flu.
    (a) coming
    (b) running
    (c) seeing
    (d) catching

5. A: How are you going now?
    B: So far so good. But it's much harder _____ with other students than I imagined.
    (a) ending up
    (b) fitting in
    (c) coming out
    (d) coming down

Theme 27 Word Clinic

평범해 보이지만 조심해야 하는 중요 2어 동사 ①

brush up on	~을 복습하다, 다시 공부하다
catch on	유행하다
hand over	(권력 등을) 넘기다, 이양하다
step up	~을 강화하다
sleep off	잠을 자서 ~을 떨쳐버리다
bring on	(전쟁, 질병 등을) 야기하다, 초래하다
stand down	긴장을 풀고 쉬다
pull away	(차량 등이) 움직이기 시작하다
pull up	차를 대다

1. A: I don't understand why such peculiar designs are gaining popularity these days.
   B: Me, neither. Anyway, these designs are surely _____ among young people.
   (a) acting up
   (b) bringing on
   (c) mucking up
   (d) catching on

2. A: We had 156 pieces of jewelry stolen last night.
   B: We should _____ up our security in the store.
   (a) spruce
   (b) clear
   (c) set
   (d) step

3. A: Mrs. Han is found to have embezzled a large sum of public funds.
   B: Yes. She's resigning as chairman and _____ all her files to deputies.
   (a) passing over
   (b) giving over
   (c) handing over
   (d) turning over

4. A: I couldn't understand what they were trying to say in today's lecture.
   B: Perhaps you better _____ on your studies.
   (a) preview
   (b) brush up
   (c) make sure
   (d) address

5. A: I'm very exhausted because I just flew early morning.
   B: Then, _____ off the jet lag. I can wait.
   (a) sleep
   (b) take
   (c) send
   (d) cut

평범해 보이지만 조심해야 하는 중요 2어 동사 ②

cut through	~ 사이로 길을 지나가다
get along	잘 지내다
firm up	~을 확고히 하다, 강화하다
figure out	~을 알아채다, 발견하다
leave out	~을 제외하다, 빼다
take apart	~을 분해하다
catch away	~을 낚아채기하다
take hold on	~을 집다, 조정하다
carry over	~을 이월하다, 미루다
follow up	~을 추적하다; (관심 등을) 계속 갖다
hold by	~에 집착하다, ~을 굳게 지키다
drive into	몰아넣다, 머리에 주입시키다
seek out	~을 색출하다, 찾아내다

1. A: Nice to meet you, too. I'd like to get _____ with you.
    B: Me, too.
    (a) up
    (b) well
    (c) along
    (d) beyond

2. A: Excuse me, can I _____ through here, please?
    B: Oh, sorry. I didn't realize that I was in your way.
    (a) cut
    (b) fall
    (c) get
    (d) put

3. A: Wow, just look at this gun! I just want to _____.
    B: There's a button on the grip. Push that. It will eject the magazine.
    (a) catch it away
    (b) take it apart
    (c) carry it over
    (d) take it hold on

4. A: Miranda, when we tell the story, can you _____ the part where I hesitate?
    B: I swear. I don't want you to be ashamed.
    (a) pull out of
    (b) resign from
    (c) chuck over
    (d) leave out

5. A: Susan seems to be rude and arrogant, don't you think?
    B: I _____ out she was like that as soon as I met her.
    (a) sought
    (b) knew
    (c) uncovered
    (d) figured

Theme 29 Word Clinic

평범해 보이지만 조심해야 하는 중요 2어 동사 ③

lighten up	(마음을) 가볍게 만들어 주다
hook on	(갈고리로) ~을 고정시키다
break in	(신발 등을) 길들이다
step in	참견하다, 끼어들다
cut in	참견하다, 끼어들다
walk in	안으로 들어가다
lug around	들고 다니다
take up	(시간이나 공간 등을) 차지하다
stick together	힘을 합치다
turn off	(스위치 등을) 끄다
chew over	~을 심사숙고하다

1. A: My sister wore my new shoes without asking me. It's the third time already.
   B: You must be pretty angry. You haven't even _____ them in yet.
   (a) stepped
   (b) broken
   (c) cut
   (d) walked

2. A: Frank was such a funny guy.
   B: I know. He always _____ whenever I felt down.
   (a) held me up
   (b) hooked me on
   (c) lightened me up
   (d) ran me down

3. A: So, what is your final opinion?
   B: I can't make a decision right now. I need to _____ with my parents first.
   (a) grind this down
   (b) force this down
   (c) polish this up
   (d) chew this over

4. This luggage is too heavy to _____ around here.
   (a) lug
   (b) tag
   (c) sag
   (d) mug

5. Cultivated crops and grazing lands _____ less than one-third of the world's land area.
   (a) work up
   (b) take up
   (c) border up
   (d) wind up

Theme 30 Word Clinic

수동형으로 외워야 할 2어 동사

be backed up	교통이 정체되다
be bored off	정말로 지루하다
be headed for	~으로 향하다, ~ 행이다
be dressed down	꾸지람을 듣다
be hyped up on	~을 갈망하다
be lined up	준비가 되다
be marked down	가격이 인하되다, 내린 가격표가 달리다
be jumbled up	혼란스럽다, 뒤범벅이 되다
be spoken for	임자가 있다
be stuck up	거만하다, 우쭐하다
be versed in	~에 정통하다
be washed up	한물가다

1. A: This book was rubbish. I was so bored _____ reading it.
    B: Then why did you keep on reading it?
    (a) on
    (b) down
    (c) off
    (d) out

2. A: Don't you think that John is quite gorgeous?
    B: He is a perfect guy but already _____.
    (a) called out
    (b) taken back
    (c) spoken for
    (d) held in

3. A: Where does this train go to?
    B: It is _____ for Pusan.
    (a) headed
    (b) bounced
    (c) pressed
    (d) bounded

4. A: Why did you tell them my book was being published?
    B: You said you had it all _____ up.
    (a) rang
    (b) lined
    (c) hung
    (d) stayed

5. A: Anyway, I'm just not even sure where I am right now emotionally.
    B: You mean you're just all _____ up, right?
    (a) shuffled
    (b) jumbled
    (c) scraped
    (d) grazed

Section Switch

Smoking damages almost all aspects of sexual, reproductive and child health, a hard-hitting report by the British Medical Association said on Wednesday. The report estimated around 120,000 men aged 30-50 were impotent because of smoking. The BMA called on the government to ramp up its anti-smoking drive and introduce legislation to make enclosed public places smoke-free. Women who smoke are twice as likely to be infertile as non-smokers, the report said. Furthermore, smoking is linked to up to 5,000 miscarriages a year and around 1,200 cases of malignant cervical cancer.

Translation

흡연은 성, 생식, 아동 건강의 거의 모든 면에 피해를 준다고 영국의학협회의 충격적인 보고가 수요일에 발표되었다. 이 보고서는 30-50세의 약 12만 명의 남성이 흡연 때문에 발기 부전이라고 추정했다. 영국의학협회는 정부에 금연 운동을 강화하고 밀폐된 공공 장소를 금연 구역으로 지정하는 법을 도입할 것을 촉구했다. 그 보고서는 흡연 여성은 비흡연 여성보다 불임이 될 확률이 두 배 더 많다고 말했다. 게다가 흡연은 연간 5,000건에 달하는 유산과 약 1,200건의 악성 자궁경부암과 관련이 있다.

Vocabulary

reproductive 생식의
hard-hitting 충격을 줄 만한
impotent 발기 불능의
ramp up 강화하다, 끌어올리다
infertile 불임의
miscarriage 유산
malignant 악성의
cervical cancer 자궁경부암

Vocabulary

☞ **철학/윤리**

abnegation	금욕, 자제
aesthetic	미의, 심미적인, 미적 감각이 있는
altruistic	이타주의의
awareness	자각
epistemology	인식론
hypothesis	가설, 가정
idealism	관념주의
induction	귀납(법)
inference	추론
metaphysics	형이상학
motivation	동기 부여
repression	억압 (본능)
resistance	저항
skeptic	회의론자
sophism	궤변, 억지 이론
stereotype	고정관념
amoral	도덕성이 없는
decency	품위, 예의 바름
immoral	부도덕한
naughty	버릇없는, 외설적인
obsession	강박관념
precept	교훈, 권고

Chapter 6

내용 혼동어

Theme 31 Word Clinic

까다로운 내용 혼동어

가격, 가치
merit	장점, 취할 점
price	가격
value	가치, 유용성, 진가
worth	(정신적, 무형적) 가치

거품
bubble	거품
foam	(작은 bubble들이 뭉쳐진 덩어리로서의) 거품

관계, 관련
chemistry	서로 손발이 잘 맞는 관계, 공감대
involvement	(어떤 일에 관련되는) 연루, 관련
relation	(사람이나 집단 간의) 관계

기만하다
bilk	(속여서 돈을) 빼앗다
wheedle	(속여서) 꾀다

내보내다
emit	(냄새, 소리 등을) 방출하다
radiate	(빛, 열 등을) 방출하다
release	석방하다

몫
lot	제비로 할당된 몫
share	전체에서 각 개인이 부담해야 할 몫
quota	(투자나 수익의) 지분, 할당량

무리
band	(어떤 목적으로 모인) 무리, 일단; 악단, 밴드
crowd	군중
flock	(새, 양 등의) 떼, 무리; 사람의 무리
herd	(소, 돼지 등의) 떼
pride	(사자, 공작 등의) 떼
school	(물고기, 고래 등의) 떼
swarm	(벌레 등의) 떼

믿다
trust	신뢰하다
confide in	믿다 ◐in이 붙는다는 것에 주의!

빈
empty	(공간이) 빈, (말, 내용 등이) 속이 없는, 하찮은 *ex.* empty threat 엄포
null	(사상 등이) 공허한

빌리다, 빌려주다
borrow	(책, 간단한 물건 등을) 잠시 빌리다
rent	(사용료, 임대료 등과 같이 돈을 지불하고) 빌리다
lease	(기간을 상당히 두고) 빌리다
mortgage	저당을 잡고 돈을 빌리다
debit	차변 (원래 자신의 자산 중에서 빌려온 부분)
lend	(책, 물건, 돈 등을) 빌려주다
loan	대부하다

서명
autograph	유명인의 사인
sign	신호, 기호
signature	(편지, 계약서 등에 쓰는) 서명

소비하다
consume	(에너지, 시간 등을) 소비하다; (술이나 음식물을) 먹다
deplete	(자원을) 고갈시키다
exhaust	(사람을) 녹초가 되게 하다
waste	낭비하다

쓰레기
litter	(길에 함부로 버린) 쓰레기
trash	쓰레기; 졸작
refuse	찌꺼기, 쓰레기
waste	폐기물

까다로운 내용 혼동어

판결

ruling   판정 (법정의 판결뿐만 아니라 게임의 판정 등도 포함하는 포괄적 의미)

sentence   유죄 판결

verdict   (배심원이 내리는) 평결

편안한, 편리한

comfortable   (감정적으로 느낌이) 편안한

convenient   (도구, 기구, 시간 등이 용도나 목적에 알맞게) 편리한

Theme 31 Challenge ·····················

1. A: What's that smell? It's disgusting!
   B: It's that cheese on the table. It's been _____ a strong smell all day.
   (a) shedding
   (b) radiating
   (c) emitting
   (d) releasing

2. A: There seems to be a problem with the movie I _____ yesterday.
   B: Sorry about that, madam. What seems to be the trouble?
   (a) leased
   (b) rented
   (c) owed
   (d) lent

3. My roommate accepted my suggestion that we should divide the utility bills; but he will not pay his _____.
   (a) share
   (b) lot
   (c) allot
   (d) quota

4. For the patients, it is harmful to _____ great amounts of both alcohol and food at the same time.
   (a) waste
   (b) daunt
   (c) deplete
   (d) consume

5. According to customs official, the actress declared $100,000 _____ of import diamonds.
   (a) cost
   (b) worth
   (c) price
   (d) value

Section Switch

The Amazon rainforest is one of the biggest and most important living stores of carbon on the planet through its ability to convert atmospheric carbon dioxide into solid carbon. But this massive natural "sink" for carbon cannot be relied on to continue absorbing carbon dioxide in perpetuity, a study shows. Researchers have found that, for a period in 2005, the Amazon rainforest actually slipped into reverse gear and started to emit more carbon than it absorbed.

Translation

아마존 열대우림은 대기중의 이산화탄소를 고체 탄소로 전환하는 능력을 통해 지구상에서 가장 크고 가장 중요한 살아 있는 탄소 저장고입니다. 그러나 영원히 이산화탄소를 흡수하기 위해 이 거대한 자연의 탄소 하수구에 의존할 수는 없다고 한 연구가 밝혔습니다. 연구원들은 2005년 기간 동안, 아마존 열대우림이 실제로 후진 기어 상태로 들어가 흡수한 것보다 더 많은 탄소를 방출하기 시작한 사실을 밝혔습니다.

Vocabulary

rainforest 열대 우림
carbon 탄소
convert 변하게 하다, 전환하다
atmospheric 대기의, 공기의
carbon dioxide 이산화탄소
sink 하수구
absorb 흡수하다
in perpetuity 영구히
slip into ~에 빠지다, ~으로 갈아입다
reverse gear 후진 기어
emit 방출하다

Vocabulary

☞ **천문/기상**

acid rain	산성비	equinox	주야 평분시
atmospheric pressure	기압	galaxy	은하, 은하수
avalanche	눈사태	heat wave	열파
barometer	기압계	heavenly body	천체
blast	돌풍	icecap	만년설
blizzard	눈보라	leap year	윤년
cloudburst	폭우	Jupiter	목성
damp	습기	Mars	화성
downfall	폭우	Mercury	수성
drought	가뭄, 한발	Neptune	해왕성
frigid	몹시 추운	Pluto	명왕성
front	전선(前線)	Saturn	토성
gale	강풍	Uranus	천왕성
glacier	빙하	Venus	금성
hail	우박, 싸락눈	meteor	유성, 운석
haze	아지랑이	nova	신성(新星)
humidity	습도	orbit	궤도
inundation	범람, 침수	planet	행성
drizzle	이슬비	rotation	자전
monsoon	계절풍	satellite	위성
muggy	무더운		
overcast	구름으로 덮다, 흐리게 하다		
sleet	진눈깨비		
tempest	폭풍우		
thermometer	온도계		
weather phenomenon	기상 현상		
weather bureau	기상청		
wind velocity	풍속		
zephyr	서풍, 미풍		
astrology	점성학		
astronomy	천문학		
eclipse	일식, 월식		

Vocabulary

☞ **지리/지질/환경**

alluvial	충적(沖積)의
colliery	탄광
delta	삼각주
gorge	골짜기, 협곡
iceberg	빙산
meander	굽이쳐 흐르다
natural levee	자연제방
reef	암초
river basin	유역
rugged	바위투성이의
tributary	(강의) 지류
lava	용암
lime	석회
limestone	석회암
loam	양토
marble	대리석
submarine ridge	해저산맥
subterranean river	지하천
upwarp	곡륭

Chapter 7

형태 혼동어

Word Clinic

고득점자가 잘 틀리는 형태 혼동어

혼동어 정리 ①

abate	약화되다, 줄다
abet	부추기다, 선동하다
abjure	(공공연히) 부인하다, 포기하다
adjure	엄명하다
ablation	제거
ablution	(종교) 목욕재계
adulation	아첨
abrogate	폐기하다
arrogate	침해하다, 횡령하다
abstruse	심오한, 난해한
obtuse	둔감한
activate	활기차게 하다
actuate	~하게 하다
amity	친선, 우호
animosity	악의, 증오심
enmity	증오, 적의
enormity	극악, 무법
assiduous	근면한
acidulous	신맛이 나는; 신랄한
badge	배지, 인식표
badger	조르다
banal	평범한, 흔히 있는
venal	타락한
venial	(죄가) 가벼운
vernal	봄의, 봄에 나는

blight	마름병, 시들게 하다; 장애가 되는 것, 어두운 그림자
bright	밝은
bloc	(정치, 경제상의) 블록, 세력권, …권
block	(돌, 나무 등의) 덩어리
bloodline	혈통
bloodshed	유혈, 살육
bloodstain	핏자국
bloodstock	순혈종의 경마 말
bombard	포격하다
bombastic	과장된
bouillon	부용 (쇠고기 등을 끓여 만든 맑은 스프)
bullion	금괴, 은괴
breach	불이행, 위반; 터진 곳
broach	(말 등을) 꺼내다; 송곳으로 뚫다
bristle	(털이) 곤두서다, (털을) 곤두세우다; 털, 강모
brittle	부서지기 쉬운
calendar	달력
colander	(부엌용) 여과기
callous	무감각한, 굳은, 단단한
callow	애송이인
candid	솔직한, 숨김없는
candor	공평무사, 공정, 정직
candied	설탕으로 절인
captious	책망하는
capricious	변덕스러운
capacious	용량이 큰

고득점자가 잘 틀리는 형태 혼동어

carnal	육체의, 육욕적인
canal	운하
castigate	응징하다
castrate	거세하다
cataclysm	대변동
catechism	문답식 교수법
celebrity	유명인, 명성
celerity	민첩함, 기민함
climatic	기후의
climactic	절정의
coalesce	하나로 합치다
convalesce	건강을 회복하다
collaborate	공동으로 일하다
corroborate	확실하게 하다
complacent	자기만족의
complaisant	고분고분한
conspicuous	눈에 띄는, 뚜렷이 보이는
perspicuous	(표현, 진술이) 명쾌한, 명확한
convert	바꾸다
culvert	지하수로
covert	감추어진
crave	갈망하다, 열망하다
craven	겁쟁이의, 겁많은
rave	소리치다, 고함치다
raven	까마귀 ● crow도 '까마귀'
ravenous	몹시 굶주린, 게걸스러운, 탐욕스러운

cur	겁쟁이
curt	간략한; 무뚝뚝한
demur	이의를 말하다
demure	조심스러운, 새침한
desert	사막; (당연한) 상벌
dessert	후식
dissertate	논술하다
din	소란
dine	식사하다
dint	힘, 폭력
disassemble	분해하다
dissemble	감추다
dissident	의견을 달리하는; 반체제의
diffident	자신이 없는
equable	변화가 없는
equitable	공정한
excrete	분비하다, 배설하다
execrate	아주 싫어하다
execute	실행하다
factitious	인위적인
factious	당파의
fictitious	가짜의
fatuous	어리석은
factual	사실에 입각한
figment	허구, 꾸며낸 일
pigment	색소

고득점자가 잘 틀리는 형태 혼동어

fizzle	약하게 쉿 소리가 나다; 실패하다
frazzle	~을 닳아빠지게 하다, 해어지게 하다, 지치게 하다
hyperbole	과장
hyperbola	쌍곡선
impassable	(길 등이) 지나갈 수 없는
impassible	고통을 느끼지 않는, 무감각한
impetuous	격렬한
impetuosity	격렬, 열렬
impetus	힘, 자극
imprudent	경솔한
impudent	뻔뻔스러운, 파렴치한
impunity	처벌받지 않음, 무사
impute	~의 탓으로 돌리다
inculpate	죄를 씌우다
inculcate	되풀이해서 가르치다, 마음속에 새겨주다
inmate	피수용자, 입원환자, 입소자; 동거인
innate	타고난, 선천적인
kindle	불을 붙이다
kindred	혈연관계가 있는
kneel	무릎을 꿇다
knell	종소리
knoll	작고 둥근 언덕
marshal	(육군) 원수, 연방보안관; 정렬시키다
martial	전쟁의, 군사상의
meretricious	눈속임의
meritorious	칭찬할 만한

militate	불리하게 작용하다
mitigate	완화하다
personality	성격
personalty	(법) 동산
rout	완패
route	길
root	뿌리
transfer	전임시키다
transform	변형시키다
transmit	전송하다
transport	수송하다
wed	용접하다
wield	휘두르다

혼동어 정리 ②

artful	교활한
artificial	인공의
artistic	예술적인
autistic	자폐증의
astray	길을 잃은
estray	길 잃은 사람[가축]
bathetic	진부한
pathetic	불쌍한
calibrate	(키나 몸무게를) 측정하다
celebrate	축하하다
celibate	(종교적 이유로 인한) 독신주의자
cerebrate	생각하다

고득점자가 잘 틀리는 형태 혼동어

dampen	낙담시키다
dumb	멍청한; 벙어리의
dump	(쓰레기를) 내버리다
deed	행위, 행동
deem	생각하다, 간주하다; ~의 의견을 갖다
doom	(나쁜) 운명
esteem	존경, 존중
redeem	되찾다
delegate	대표자
relegate	내쫓다, 퇴출시키다
demonstrate	증명하다, 실물로 입증하다
remonstrate	항의하다
denounce	비방하다, 비난하다
renounce	(공식적으로) 포기하다, 그만두다
deplete	고갈시키다
replete	가득한, 충분한
disciple	문하생, 제자
discipline	규율, 규범; 학과, 학문; 훈련시키다, 질서를 지키게 하다
distort	왜곡하다; 얼굴을 찡그리다
extort	강탈하다
dramatic	연극의
traumatic	충격적인
edible	먹을 수 있는, 식용의
eligible	적임의, 적격의
illegible	읽기 어려운
illegitimate	불법의

elaborate	공들이다, 정성들여 만들다; 공들인, 정교한
elevate	고양시키다, 향상시키다
elicit	이끌어내다
illicit	불법의
embed	끼워 넣다, 마음속에 간직하다
imbibe	흡입하다, 흡수하다
emerge	나오다, 나타나다
immerge	담그다
emigrate	(타국으로) 이주하다, 이민가다
immigrate	(타국에서) 이주하다, 이주시키다
eminent	뛰어난, 탁월한
imminent	절박한
enrage	노하게 하다
rage	분노, 격렬
outrage	침범, 위반, 난폭
ensure	보장하다
insure	보험에 들다
esoteric	비밀의
eccentric	괴상한, 별난
exoteric	대중적인
excite	자극하다, 흥분시키다
incite	격려하다
fierce	사나운, 맹렬한
pierce	(몸의 일부에) 구멍을 뚫다

고득점자가 잘 틀리는 형태 혼동어

flagrant	현저하게 눈에 띄는; 극악무도한
fragment	파편
fragrant	향기로운
florescent	꽃이 핀
fluorescent	형광성의
flounder	바둥거리다
founder	침몰하다
fowl	새, 조류
howl	울부짖다
fussy	까다로운, 야단법석 하는
fuzzy	흐린
gamble	도박하다
gambol	뛰어다니다
gasp	숨을 헐떡이다
grasp	붙잡다
grapple	격투하다, 맞붙어 싸우다; 붙잡다
grip	꽉 붙잡다, 단단히 쥐다
habitat	서식지, 번식지
inhabit	거주하다
inhabitant	거주민
inhibit	억제하다, 금하다
haughty	건방진, 오만한
naught	제로, 영
naughty	(어린아이가) 말 안 듣는
haul	끌어당기다
maul	곤봉; 쳐서 상처를 내다

indolent	나태한, 게으른; 전혀 통증이 없는, 무통의
redolent	향기로운 냄새가 나는
insolent	거만한, 건방진
insoluble	해결할 수 없는
insolvent	파산한
infinite	무한한
infinitesimal	극소의
indefinite	불분명한
inflammable	불타기 쉬운
nonflammable	불연성의
jealous	질투하는
zealous	열광적인, 열심인
jeer	조롱
jolt	동요하다, 덜컹거리다
outdo	~보다 뛰어나다
undo	(묶인 것 등을) 풀다
pawn	전당; 인질; 전당잡히다
spawn	산란하다; 대량생산하다; (개구리 등 양서류의) 알
petard	지뢰
retard	늦어지게 하다
rudiment	기본, 근본
sediment	앙금, 침전물
self-centered	자기중심의, 이기적인
self-conceited	자부심이 강한
self-exiled	스스로 망명한
self-employed	자영업의, 자유업의

1. They will _____ me to another office.
    (a) transmit
    (b) transfer
    (c) transport
    (d) transform

2. Many independent college graduates want to be _____ rather than be hired by a big company.
    (a) self-exiled
    (b) self-centered
    (c) self-employed
    (d) self-conceited

3. Teachers try to _____ in young minds a sense of social responsibility.
    (a) incinerate
    (b) inculpate
    (c) incubate
    (d) inculcate

4. The runner-up was trying to _____ her disappointment at the celebration party.
    (a) dissemble
    (b) disassemble
    (c) disseminate
    (d) dissipate

5. President Obama explained how the ethnic hatred, extremism and xenophobia of Nazism threatens cruelty and _____.
    (a) bloodline
    (b) bloodshed
    (c) bloodstain
    (d) bloodstock

Section Switch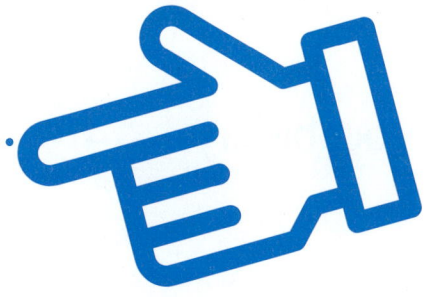

On December 1st in 1955, Rosa Parks, a 42-year-old woman, chose to break the law in Montgomery, Alabama. She was ordered by a city bus driver to give up her seat to a white man, as was then required by the city's law. She refused and was arrested. Four days later, the black community, led by Dr. Martin Luther King Jr., began a boycott of the city bus company that lasted 382 days. Then the U.S. Supreme Court ruled that segregation on city buses was unconstitutional. For her role in sparking the successful boycott, Rosa Parks became known as the "mother of the civil rights movement."

Translation

1955년 12월 1일, 42세의 여성 로자 팍스는 앨라배마 주 몽고메리에서 법을 위반하기로 했다. 그녀는 시내버스 운전사에게 당시 시 조례가 요구하는 것처럼 백인 남성에게 좌석을 양보하라는 명령을 받았다. 그녀는 거절했고 체포되었다. 나흘 뒤에 마틴 루터 킹 2세 목사가 주도한 흑인 공동체가 382일간 시내버스 안 타기 운동을 벌이기 시작했다. 그 후 미합중국 대법원은 시내버스에서의 인종 차별은 위헌이라는 판결을 내렸다. 성공적인 보이콧의 도화선이 된 로자 팍스의 역할로 인해 그녀는 '인권 운동의 어머니'로 알려지게 되었다.

Vocabulary

boycott 보이콧, 불매 운동
Supreme Court 대법원
rule 판결하다
spark ~의 도화선[발단]이 되다

Vocabulary

☞ **의학**

abortion	낙태	bronchus	기관지
barren	불임의	cardiac	심장의
caesarean section	제왕절개 수술	cataract	백내장
contraceptive	피임약	cerebellum	소뇌
delivery	출산, 분만	cerebrum	대뇌
miscarriage	유산	chest	가슴, 흉부
pregnancy	임신	cranium	두개골
acute	급성의	speckle	작은 반점
allergic	알레르기 체질의	spine	척추, 등뼈
amnesia	기억상실	sputum	가래, 담
anemia	빈혈	ward	병동, 병실
arthritis	관절염	anesthesia	마취
brainstorm	정신착란	anesthetic	마취제
breast cancer	유방암	antifebrile	해열제
bump	혹	antiseptic	살균의, 멸균의
chronic	만성의	cerebral death	뇌사
contagion	전염	coma	혼수 상태
diabetes	당뇨병	disinfect	소독하다
dyspepsia	소화 불량	excrement	배설물
epidemic	유행병, 전염병	gastric juice	위액
gastric ulcer	위궤양	hypnosis	최면
hepatitis	간염	hygiene	위생
infectious	전염성의	immune	면역(성)
influenza	독감	injection	주사
insomnia	불면증	olfactory	후각의
leukemia	백혈병	palliate	(병·통증 등을)
malnutrition	영양실조		일시적으로 완화시키다
nausea	구토	palpitate	(심장·맥박이) 뛰다
paralysis	마비, 중풍	sedastive	진정제
pneumonia	폐렴	side effect	부작용
polio	소아마비	transfusion	수혈
scald	화상		
vertigo	현기증		

Chapter 8

다의어

Theme 33 Word Clinic

생활 속의 다의어

admire
1) v. 동경하다
2) v. 감탄하다 ○ admire the scenary

battery
1) n. 전지
2) n. 한 벌의 기구[장치]
3) n. 구타

bill
1) n. 지폐
2) n. 계산서
3) v. 계산서를 보내다
4) n. 부리

bomb
1) n. 폭탄
2) n. 실패작; 멋진 사람
3) v. 실패하다; 빨리 지나가다

breeze
1) n. 산들바람
2) n. 쉬운 일

cowboy
1) n. 카우보이
2) n. 일에 능숙하거나 숙련되지 못한 사람

draw
1) n. 무승부
2) v. 제비를 뽑다

emission
1) n. 방출, 배출
2) n. 배기가스

feature
1) n. 특징
2) v. (배우를) 주연시키다

gather
1) v. 모으다
2) v. 알아차리다

handy
1) a. 곁에 두고 쓸 수 있는, 편리한
2) a. 잘 다루는, 손재주 있는

mileage	1) n. 마일리지
	2) n. 연비
sophisticated	1) a. 세련된
	2) a. 복잡한

1. A: Compact cars like Duo usually provide better _____.
   B: Plus, they also look charming.
   (a) mileage
   (b) energy
   (c) conduct
   (d) fuel

2. A: This problem is way too difficult for me to solve
   B: It's a _____ if you studied your book properly.
   (a) miscellany
   (b) fake
   (c) breeze
   (d) whim

3. A: Did you see the movie Mask on TV last night?
   B: Do you mean the film _____ Jim Carry?
   (a) casting
   (b) figuring
   (c) appearing
   (d) featuring

4. A: What am I supposed to do with my broken computer?
   B: When it comes to computers, you should go and ask Joe. He's really _____ with
      computers.
   (a) cozy
   (b) flimsy
   (c) handy
   (d) clumsy

5. To put it simply, she had difficulty in solving _____ math problems.
   (a) little
   (b) sophisticated
   (c) spelled
   (d) addressed

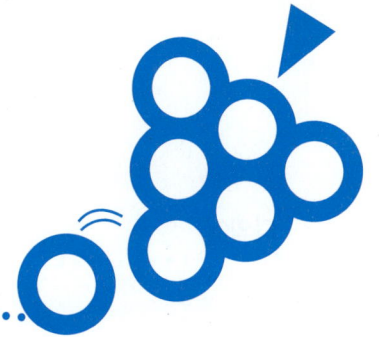

Theme 34 Word Clinic

다의어

account
1) n. 거래, 구좌, 계좌
2) v. 밝히다, 설명하다 (explain)
3) n. 묘사, 설명 (description)
4) n. 중요성
5) n. 중요한 사람
6) n. 참작, 고려 (consideration)
7) n. 이유
8) n. 일
9) n. 조건
10) v. 차지하다
11) n. 대신, 대체물

act
1) n. 행동, 행위 (doing something, take action)
2) v. 행동하다
3) n. (연극의) 막
4) v. 연기하다, 꾸며내다 (make up)
5) v. 작용하다, 효과를 내다 (affect)
6) v. 대체하다

acute
1) a. 예리한
2) a. 급성의
3) a. 단기의

address
1) n. 주소
2) v. 연설하다, 성명을 발표하다
3) n. 연설, 강연 (speech)
4) v. 말을 걸다, 부르다, 호칭하다 (talk to)
5) v. 부합하다 (match, correspond)
6) v. 토의하다, 다루다 (discuss)
7) v. 전념하다

brave
1) a. 용감한
2) v. 용감하다

break
1) v. 깨뜨리다
2) v. 폭풍우가 몰아치다

다의어

byzantine
1) a. 비잔틴 양식의
2) a. 복잡한

carry
1) v. (상품을) 취급하다
2) v. 소지하다
3) v. (소리가) 도달하다

case
1) n. 경우, 사례
2) n. 사실
3) n. 사건
4) n. 정당한 논거
5) n. 소송
6) n. 환자

cause
1) n. 이유
2) n. 대의명분

champion
1) n. 챔피언
2) v. 옹호하다

channel
1) n. (텔레비전 등의) 채널
2) n. 수로

coast
1) n. 해안
2) v. 순조로이 진행하다

collapse
1) v. 무너지다
2) v. 쇠약해지다

company
1) n. 동료; 교제
2) v. 동석하다

complexion
1) n. 안색, 용모
2) n. 양상 *ex.* a serious complexion 심각한 양상

cow	1) n. 젖소
	2) v. 겁주다
crack	1) n. 갈라진 틈
	2) v. be cracked up to-V ~라는 평판이다
cream	1) n. 크림
	2) v. 이기다
credit	1) n. 무이자 대출
	2) n. 공로, 공적
dead	1) a. 죽은
	2) a. 전화가 끊긴
	3) a. (배터리 등이) 다 닳은
draw	1) v. 그리다
	2) v. 끌어오다, 당기다
	3) n. 무승부
excuse	1) v. 핑계를 대다
	2) v. 면제시키다
extension	1) n. (기한의) 연장
	2) n. 내선번호
figure	1) n. 수치
	2) n. 모습
fine	1) a. 훌륭한
	2) n. 벌금
front	1) a. 앞의
	2) n. 전선 *ex.* cold front 한랭전선

다의어

generous
1) a. 관대한
2) a. 푸짐한

honor
1) n. 명예
2) v. (약속을) 이행하다

incidence
1) n. (사건의) 발생
2) n. 발병률

key
1) n. 열쇠
2) n. 음조
3) a. 중요한

leave
1) v. 떠나다
2) v. (재난 등으로) 건물을 비우다

put
1) v. 놓다
2) v. 계산하다 (charge)

reach
1) v. 도달하다
2) v. 연락하다

snap
1) v. 잡다
2) n. 스냅 사진
3) v. 바가지를 긁다

1. The national assembly organized a committee to simplify several dozen _____ laws which were seen as being both old-fashioned and irrelevant.
   (a) feckless
   (b) empirical
   (c) byzantine
   (d) slovenly

2. This review will give a brief _____ of the photosynthesis of plants.
   (a) account
   (b) reason
   (c) explain
   (d) experiment

3. Have the medicine much _____ on you?
   (a) effected
   (b) acted
   (c) done
   (d) officiated

4. We have to change our marketing strategy to _____ the needs of our main customers.
   (a) uptrend
   (b) abode
   (c) bolster
   (d) address

5. Rainy seasons are usually followed by a high _____ of malaria in tropical countries.
   (a) insight
   (b) incidence
   (c) incidents
   (d) insects

Section Switch

During World War II, Winston Churchill, in his late sixties and early seventies, was able to work sixteen hours a day, year after year. What was his secret? He worked in bed each morning until eleven o'clock, reading reports, dictating orders, making telephone calls, and holding important conferences. After lunch, he went to bed once more and slept for an hour. In the evening, he went to bed once more and slept for two hours before having dinner at eight. He didn't cure fatigue. He didn't have to cure it. He prevented it. Because he rested frequently, he was able to work on, fresh and fit, until long past midnight.

Translation

제2차 세계대전 중 60대 후반에서 70대 초반이었던 윈스턴 처칠은 해마다 하루에 16시간 일을 할 수 있었다. 그의 비결은 무엇이었을까? 그는 매일 아침 11시까지 침대에서 일했는데, 보고서를 읽고, 명령을 받아 적게 하고, 전화를 걸고, 중요한 회의를 열었다. 점심을 먹고 난 후, 그는 다시 한 번 잠자리에 들어 한 시간 동안 잤다. 저녁에 그는 또다시 잠자리에 들어 8시에 저녁 식사를 하기 전에 두 시간 동안 잠을 잤다. 그는 피로를 풀지 않았다. 그는 피로를 풀 필요가 없었다. 그는 피로를 예방했다. 그는 자주 휴식을 취했기 때문에 한밤중을 오래 지나서도 생기 있고 건강하게 일을 계속할 수 있었다.

Vocabulary

cure 낫게 하다, 치료하다
fatigue 피로, 피곤
prevent 예방하다
fit 좋은 건강 상태인, 컨디션이 좋은

Vocabulary

☞ **사회**

census	인구 조사
ethnic	인종의, 민족의
gregarious	군거하는, 군집의
kinship	친척관계, 혈족관계
throng	군중
underpopulated	인구 밀도가 낮은
confederacy	연합, 동맹(국)
donation	기부
alienation	소외
capitalism	자본주의
colony	식민지
communism	공산주의
exploitation	착취
facilities	설비, 시설
functionalism	기능주의
generalization	일반화
imbalance	불균형
panic	공황
paradigm	패러다임, 이론적 틀
social integration	사회통합
sociology	사회학
sovereignty	주권, 통치권
totalitarianism	전체주의

Vocabulary

☞ **교통/운송**

bales	화물
cargo	선하, 뱃짐
alley	골목, 샛길
avenue	대로
blind alley	막다른 골목
boulevard	넓은 가로수길
bypass	우회로
crosscut	지름길
crosswalk	횡단보도
detour	우회하다
devious	구불구불한
overpass	고가도로
pike	유료 도로, 통행 요금
toll	사용세, 요금
underpass	지하도
armada	함대
dinghy	작은 배
liner	정기선
adrift	(배가) 표류하여
charter	(배·버스·비행기 등의) 전세
depot	역, 버스 터미널 (건물), 공항 (건물)
derailment	탈선
embargo	입출항 금지
manned	사람을 실은
one-way traffic	일방통행

Mini Test 3

Mini Test 3

Part 1

Choose the most appropriate word or expression for the blank in the conversation.

1. A: He _____ his bed again.
   B: What? He still can't act his age. Is there any solution?
   (a) spitted
   (b) moistened
   (c) wet
   (d) spilt

2. A: This is my final offer. Think it over and let me know your decision.
   B: Let me _____, please.
   (a) take a napping
   (b) sleep on it
   (c) drowse away
   (d) rest a case

3. A: I don't want to change the subject any more.
   B: So what does it all _____ to? Come straight to the point.
   (a) come apart
   (b) show up
   (c) boil down
   (d) point out

4. A: Jennifer made fun of me saying that I'm ugly and poor.
   B: She's so _____ at times. I wish she would just stop.
   (a) high up
   (b) stuck up
   (c) pack up
   (d) put up

5. A: Why are you studying so much lately?
   B: I made a _____ to my dad that I'll study hard.
   (a) promise
   (b) appointment
   (c) reservation
   (d) plan

6. A: Let's _____ lots to see who can have it.
   B: OK. That's fine with me.
   (a) choose
   (b) pick
   (c) select
   (d) draw

7. A: What brought you here?
   B: I'm just _____.
   (a) passing through
   (b) going over
   (c) dwelling on
   (d) dashing off

8. A: You're the famous movie star, Jim Carry. Can I have your _____?
   B: OK. Where do you want it?
   (a) sign
   (b) autograph
   (c) signature
   (d) name

9. A: I _____ with the idea of retiring from my job.
   B: I think you would be making a big mistake. But it's your choice.
   (a) tell
   (b) have
   (c) toy
   (d) speak

10. A: The flamingo uses its _____ to forage.
    B: Yes. The bird uses it to filter mud and water from the tiny plants and animals that it
       finds in shallow ponds.
    (a) bill
    (b) bully
    (c) bury
    (d) blossom

Mini Test 3

Part 2

Choose the most appropriate word or expression for the blank in the statement.

11. Students from foreign countries _____ for a large proportion of our university population.
    (a) occupy
    (b) make room
    (c) aggregate
    (d) account

12. He failed to find the truth about the _____ affair although he worked very hard.
    (a) skeptical
    (b) impatient
    (c) persistent
    (d) suspicious

13. The boss _____ his employees to work hard for the final proficiency test.
    (a) deduced
    (b) deducted
    (c) induced
    (d) inducted

14. The local government has _____ a group of investigators to help solve the city's traffic problems.
    (a) deduced
    (b) deducted
    (c) condescended
    (d) inducted

15. The author and antique dealer gave the readers advice on how to tell _____ antiques from the real thing.
    (a) specious
    (b) spurious
    (c) ingenuous
    (d) dissimulated

Final Test

Final Test (1)

Part 1

Choose the most appropriate word or expression for the blank in the conversation.

1. A: I wanna take your family to a _____ restaurant.
   B: Really? You swear?
   (a) spooky
   (b) hot
   (c) fancy
   (d) round

2. A: I think you went to the _____ on your relationship because you cheated on your girlfriend.
   B: How many times do I need to tell you? I wasn't cheating on her.
   (a) end
   (b) failure
   (c) pocket
   (d) wall

3. A: The late-night comedy movie just _____.
   B: Me too. It was riotous.
   (a) cracked me up
   (b) made me up
   (c) ended me up
   (d) geared me up

4. A: How long have you owned this car?
   B: For about two years. But it's almost _____.
   (a) of humble condition
   (b) on this condition
   (c) in mint condition
   (d) in condition

5. A: How could she graduate so early?
   B: She always _____.
   (a) jumps highly
   (b) jumps the line
   (c) jumps the gun
   (d) jumps the sward

6. A: First, he went to the city and became a success, and...
   B: I know, _____.
   (a) rest yourself
   (b) the rest is history
   (c) the rest is
   (d) the rest with a person

7. A: Have you checked the sales figures?
   B: I sure did. It looks like they are _____.
   (a) in the black mood
   (b) black looks
   (c) in the black
   (d) putting up a black

8. A: Last week, my grandmother passed away.
   B: You must _____. She was such a nice person.
   (a) feel weird
   (b) feel blue
   (c) feel black
   (d) feel lonely

9. A: I can't find those cigars anywhere.
   B: You could find it on the _____. But as you know, it is illegal.
   (a) stock trend
   (b) black market
   (c) swapped item
   (d) swiped market

10. A: How did you escape from the burning building?
    B: By jumping. But it was a real _____.
    (a) close shave
    (b) shaving away
    (c) close up
    (d) close week

Final Test (1)

11. A: A lot of people applauded the actor's realistic performance at the movie festival.
B: It's true. He was in the _____ all day long.
(a) light
(b) flash
(c) spotlight
(d) mood

12. A: I'm having dinner with Anna's dad today. I've got _____ in my stomach.
B: Hey, relax. I've met Mr. Wilkinson, and he's a nice old man.
(a) cracks
(b) tenterhooks
(c) mustard
(d) butterflies

13. A: Who _____ in your family?
B: My mother does because my father doesn't have a job.
(a) brings forth
(b) brings home the bacon
(c) brings down the house
(d) brings forward

14. A: Although the oral presentation was _____ , it was still good.
B: I agree. It was quite well-organized.
(a) improvised
(b) clarified
(c) provided
(d) exemplified

15. A: He was arrested by a police officer.
B: It could _____ his entire life.
(a) make
(b) disrupt
(c) disroot
(d) disrobe

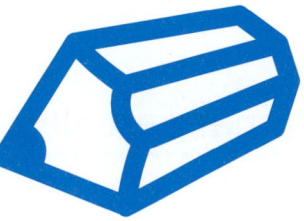

16. A: I just wanted so much to be _____ for once.
    B: If you make such a big move without planning ahead, you'll regret it.
    (a) impudent
    (b) impudicity
    (c) intensive
    (d) impulsive

17. A: Please don't drink any liquids around the _____.
    B: Alright, I'll be careful.
    (a) typos
    (b) invitations
    (c) canvassing
    (d) promotion

18. A: How did you get home so quickly? Did he _____?
    B: No, he gave me some cash and I took a taxi.
    (a) slip in
    (b) give you a ride
    (c) get crestfallen
    (d) give a hand-down

19. A: Our new house is furnished with a freezer, bed, and wardrobe.
    B: Plus, there is a beautiful garden in the backyard. It's _____.
    (a) touch-and-go
    (b) the irony of fate
    (c) the icing on the cake
    (d) having a long head

20. A: I can't believe that I can't see you anymore.
    B: Me too. I'll miss you. Please _____.
    (a) keep me posted
    (b) keep me touch
    (c) keep in mind
    (d) keep ahead

Final Test (1)

21. A: Don't lie to me. I'm really angry at the moment.
B: I'm just calling _____.
(a) aside
(b) a shot
(c) a spade a spade
(d) a heart a heart

22. A: Let's _____. I'm really sick of this argument.
B: No, I want to finish this today.
(a) bury the hatchet
(b) cut in half
(c) bury an injury
(d) sound the charge

23. A: Mommy! I want to buy that robotic dog. All my friends have one.
B: Dad got fired last week. We can't _____ at the moment.
(a) keep a promise
(b) keep up with joneses
(c) keep accounts
(d) keep early hours

24. A: Have you ever heard about Petit France? It was used as a background for a famous drama.
B: Of course I have. While we're _____, how about going there? It only takes one hour from here.
(a) on the spot
(b) on the subject
(c) on the table
(d) on the same lines

25. A: Where is Kein? I haven't seen him for a long time.
B: He is probably _____ for the fraud he committed last year.
(a) in the scene of the crime
(b) at the offense
(c) crime-infested
(d) behind bars

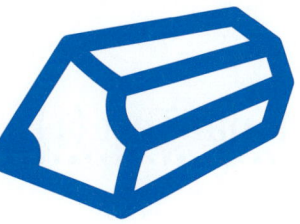

Choose the most appropriate word or expression for the blank in the statement.

26. His mother passed away last year, and he cannot come to _____ with her death.
 (a) recognition
 (b) refusal
 (c) grip
 (d) terms

27. My father was so frail and sluggish that he found it difficult to saunter without a _____.
 (a) cane
 (b) pole
 (c) tree
 (d) hearing aid

28. Dashing people's hope for a miracle, three bodies were _____ from the wreckage after the building collapsed.
 (a) freed
 (b) liberated
 (c) recovered
 (d) saved

29. Owing to the _____ of the Beverly Hills area, the Smiths lost a lot of money on their real estate investments.
 (a) inflation
 (b) appreciation
 (c) duress
 (d) calamity

30. The people _____ the deceased leader by naming a street after him.
 (a) immortalized
 (b) buried
 (c) forgot
 (d) cremated

31. The inquest is _____ to hear evidence relating to some of the most controversial aspects surrounding the couple.
    (a) plan
    (b) schedule
    (c) due
    (d) followed

32. Previous trials have heard that detailed questions were asked about a box of letters _____ to Diana.
    (a) sending
    (b) belonging
    (c) possessed
    (d) obtained

33. Castro has been _____ for a year, but not out of mind, thanks to regular newspaper columns dispatched from a secret medical facility.
    (a) maintained
    (b) out of sight
    (c) out of town
    (d) out of presidency

34. They were based in the Congo while participating in Rwanda's 1994 _____ in which some 800,000 Watusis and moderate Hutus were massacred.
    (a) genocide
    (b) maltreatment
    (c) collision
    (d) genophobia

35. The _____ president said that "structural changes" were needed to jump-start agriculture and cut reliance on costly food imports.
    (a) temporary
    (b) permanent
    (c) provisional
    (d) acting

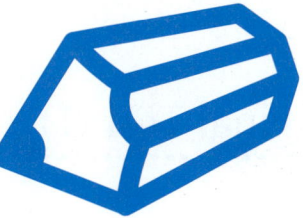

36. His focus on bread-and-butter issues _____ hope among Cubans of relief from daily economic hardship.
    (a) intervened
    (b) survived
    (c) revived
    (d) invited

37. My father is handy, but I'm all _____.
    (a) mighty
    (b) thumbs
    (c) skillful
    (d) strong

38. Hundreds of people have already _____ their swamped homes and are now living in tents outside of Trinidad, while others have taken refuge in churches and schools.
    (a) altered
    (b) abandoned
    (c) exaggerated
    (d) passed

39. More than 30 movies from both the Arab and Muslim world will be _____ at a week-long New York film festival.
    (a) watching
    (b) seeing
    (c) playing
    (d) introducing

40. House price inflation in England and Wales _____ to 12.8 percent in early August from 10.3 percent in early July, property website Rightmove said on Monday.
    (a) stood up
    (b) went up
    (c) took up
    (d) raised up

Final Test (1)

41. *The Hollywood Reporter*, an entertainment paper, published its annual list of the top-earning actresses, _____ Nicole Kidman just behind Julia Roberts at No. 2.
(a) taking
(b) pushing
(c) moving
(d) putting

42. In those days, I was _____ with three dollars for eight hours of heavy labor.
(a) remitted
(b) bought
(c) reimbursed
(d) exonerated

43. To help prevent confusion in the first place and to support a national education campaign, we need to _____ the law.
(a) apply
(b) take
(c) have
(d) impose

44. I'm getting old, and I do not have the _____ that I once had when I was young.
(a) variety
(b) vividness
(c) vitality
(d) violence

45. The prosecutor is making every effort to investigate the murder _____.
(a) labyrinth
(b) accident
(c) case
(d) maze

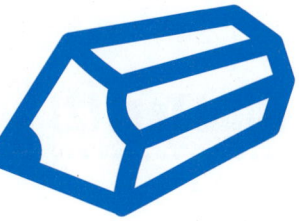

46. Before investing in stocks, you should be aware of the rights _____ with each type of share and then decide your share type.
(a) associated
(b) arranged
(c) in accordance
(d) filled

47. Some newspapers publish reports in such a biased manner that they seem to be the _____ of certain political parties.
(a) mouthpieces
(b) allies
(c) partners
(d) reporters

48. Every evening at the restaurant, the reporter would eavesdrop on the Mayor's conversations in order to _____ any information that could make headlines.
(a) ignore
(b) glean
(c) extol
(d) extend

49. Since James was generally _____ on the baseball field, he was genuinely touched by the amount of praise for his game-winning homerun.
(a) indelible
(b) methodical
(c) pious
(d) unheralded

50. The walls of his room are plastered with Hamburg SV football club _____ — scarves, shirts, and signed photos of the players.
(a) memories
(b) vestige
(c) euphoria
(d) memorabilia

Final Test (2)

Choose the most appropriate word or expression for the blank in the conversation.

1. A: The food smells great. It's making my mouth _____.
   B: Go ahead and help yourself.
   (a) open
   (b) taste
   (c) water
   (d) saliva

2. A: Why are the girls so upset now?
   B: Because the boys _____ by throwing a snake at them.
   (a) caught their breath
   (b) caught their eye
   (c) caught the girls with their pants
   (d) caught the girls off their guard

3. A: He told me that he hated me for no reason at all.
   B: Why does he always _____?
   (a) break a child in
   (b) break ranks
   (c) break a set
   (d) break your heart

4. A: Does that program fit your company's system?
   B: Yes, it fits _____.
   (a) all to the ears
   (b) like a glove
   (c) like a chicken and an egg
   (d) the cap on

5. A: These kids are still _____ watching TV at this time of night.
   B: It is a bad habit they've picked up. They always go to bed late.
   (a) up
   (b) down
   (c) alive
   (d) in

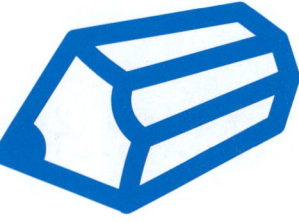

6. A: Did you get the books for the class already?

B: No, I didn't. I was hoping I could use the old _____ which they have in the library.

(a) editions

(b) texts

(c) volumes

(d) corpus

7. A: Could you give me some information about the _____ of your hotel?

B: Sure. What kind of room do you want?

(a) costs

(b) rates

(c) fares

(d) prices

8. A: I'm too afraid to make a presentation. They are all _____ to me.

B: Don't worry. You'll do a good job.

(a) colleagues

(b) associates

(c) cronies

(d) strangers

9. A: Do I need to believe his word?

B: No, his word is under _____.

(a) the sun

(b) a cloud

(c) an assertion

(d) the conviction

10. A: Madam, here you are. Cash or charge?

B: I'll _____ it on my credit card.

(a) look

(b) carry

(c) put

(d) save

11. A: I heard that you broke up with Mike a few days ago. You'd be better off just forgetting about him.

B: I can't. Just _____. I'm going to make him come back to me.

(a) leave me alone

(b) come and go

(c) wait and see

(d) put a cork in it

12. A. How do you live in Russia?

B: I have difficulty in managing my life. It is a whole new ball _____.

(a) game

(b) situation

(c) phase

(d) set

13. A: I feel very tired. I'll hit the _____ now.

B: Then, I'll call you back tomorrow.

(a) road

(b) sack

(c) bed

(d) books

14. A: He is unable to tell the difference between musical notes.

B: Do you mean he is _____?

(a) sound-proof

(b) sound-deaf

(c) tone-proof

(d) tone-deaf

15. A: Give my best _____ to your family.

B: OK. Take care.

(a) regards

(b) wish

(c) inquiry

(d) safety

16. A: How did the exam _____?

B: Well, I'm not too sure.

(a) run

(b) go

(c) come

(d) walk

17. A: May I help you?

B: Thanks, but no thanks. I'm just _____.

(a) browsing

(b) shopping

(c) looking for

(d) seeing

18. A: This is the third time that she has _____ me up.

B: No wonder you got angry.

(a) brought

(b) stood

(c) buttered

(d) turned

19. A: Mr. Kim called in sick this morning.

B: I think he's lying. I don't _____ that.

(a) grow

(b) keep

(c) hold

(d) buy

20. A: Sorry I'm late for baseball practice again.

B: Look, Johnson! _____ up or ship out!

(a) Take

(b) Make

(c) Shape

(d) Hand

Final Test (2)

21. A: He was _____ himself with joy when he heard the news.
    B: I can imagine.
    (a) by
    (b) next
    (c) beside
    (d) besides

22. A: Where can I find a restroom?
    B: It's _____ the hall on the left.
    (a) besides
    (b) close
    (c) aside
    (d) down

23. A: Mary is really _____ modern dance.
    B: Right. She seems to know a lot about it.
    (a) onto
    (b) into
    (c) within
    (d) above

24. A: Could you give me a _____ call at six tomorrow morning?
    B: Sure. May I have your name and room number, please?
    (a) get-up
    (b) make-up
    (c) pick-up
    (d) wake-up

25. A: May I speak to John Brown?
    B: Just a moment. I'll _____ him.
    (a) get
    (b) take
    (c) give
    (d) make

Part 2

Choose the most appropriate word or expression for the blank in the statement.

26. The foreign ministers of Britain and France have said they were unsuccessful in persuading Sri Lanka to _____ a truce with Tamil fighters .
    (a) give
    (b) make
    (c) apply
    (d) arbitrate

27. Shares are _____ mainly into two groups: Common Shares and Preference Shares.
    (a) explained
    (b) categorized
    (c) determined
    (d) treated

28. Money from ticket sales will be _____ to local organizations which provide food and clothing to those who need it most this Christmas.
    (a) purchased
    (b) funded
    (c) donated
    (d) collected

29. There has been a(n) _____ of the disease in several villages in the north of the country.
    (a) blackout
    (b) outlook
    (c) lookout
    (d) outbreak

30. There has never been a better time to _____ to *The Wall Street Journal Europe*. Get the best global business news anytime, anywhere.
    (a) contribute
    (b) support
    (c) donate
    (d) subscribe

31. U.S. prosecutors _____ piracy charges against a teenager from Somalia. Prosecutors seemed to throw the book at the teenage pirate in this unique case.
(a) got
(b) gave
(c) brought
(d) had

32. Buying and selling of stocks is referred to as _____ in the financial market.
(a) exchange
(b) trading
(c) give-and-take
(d) surrogate

33. New research published by the University of Edinburgh reveals that girls _____ truant more often than boys. A large percent of persistent truants at primary school were girls.
(a) take
(b) make
(c) play
(d) are

34. This is a _____ bottle of water from the hotel. Please enjoy your stay.
(a) commentary
(b) admiring
(c) paid
(d) complimentary

35. The party who agrees to deliver a commodity is called a _____ position and the party who agrees to receive a commodity, a _____ position. A futures contract is an agreement between them.
(a) low - high
(b) selling - buying
(c) short - long
(d) giving - taking

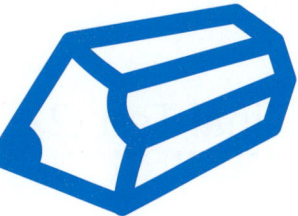

36. The profits and losses of futures are calculated _____ a daily basis as they occur from the daily movements of the market for that contract.
   (a) with
   (b) by
   (c) in
   (d) on

37. A big worry for Cuba's leaders is that such reforms could trigger an _____ process of change, such as that which occurred under Gorbachev, which led to the collapse of the Soviet Union.
   (a) unstoppable
   (b) unstopped
   (c) controllable
   (d) controversial

38. Knowing what cholesterol is and how it _____ you will undoubtedly help you to avoid high cholesterol.
   (a) affects
   (b) keeps
   (c) adjusts
   (d) treats

39. He cut his own _____ by taking bribes from contractors.
   (a) throat
   (b) hands
   (c) neck
   (d) ears

40. The book about UFOs is full of _____. It offers no real proof for its claim that aliens regularly visit the Earth.
   (a) times
   (b) beans
   (c) rocks
   (d) tails

Final Test (2)

41. There is a _____ between weight and cholesterol levels.
   (a) correlation
   (b) side effect
   (c) cause
   (d) logic

42. Those who express their approval of the _____ say that we can't allow crime to affect citizens anymore.
   (a) bill
   (b) vote
   (c) veto
   (d) suffrage

43. I always have _____ in my stomach before an exam.
   (a) flies
   (b) tensions
   (c) dizziness
   (d) butterflies

44. He was secretly _____ the strings behind the governor's back.
   (a) taking
   (b) asking
   (c) pulling
   (d) managing

45. For the first 20 years of his life, Will Hunting has _____ the shots.
   (a) took
   (b) burnt
   (c) called
   (d) punched

46. The people of Tanabe, whose meals mainly consist of vegetables, said that the key to _____ was not to drink alcohol.
    (a) gravity
    (b) gratitude
    (c) triviality
    (d) longevity

47. Japanese women have _____ the world's longevity ranking for 22 years, while their male compatriots ranked second after Icelandic men.
    (a) topped
    (b) doubled
    (c) conquered
    (d) marked

48. One of the strongest elements of the Asterix story is the affectionate _____ of different nationalities—the British with their formal speech and love of warm beer, for example, and the tanned Spanish with their love of flamenco dancing.
    (a) harrowing
    (b) stereotyping
    (c) distinguishing
    (d) nationalism

49. Most of the Sight and Sound list is made up of stylized rather than mass appeal movies. Even *Raging Bull* could not be described as _____, with its grim and brutal portrayal of the life of legendary boxer Jake La Motta, played by Robert De Niro.
    (a) populist
    (b) epic
    (c) art house
    (d) horror

50. My aunt had an operation for breast cancer, but she had a _____ and passed away.
    (a) repetition
    (b) diagnosis
    (c) relapse
    (d) malpractice

Final Test (3)

Part 1

Choose the most appropriate word or expression for the blank in the conversation.

1. A: I'm so pleased about my new car. Let's take it for a test drive.
   B: Good for you. But don't get too _____ and go over the speed limit.
   (a) across to
   (b) along with
   (c) done with
   (d) carried away

2. A: What do you think about John? He's a nice guy, isn't he?
   B: Yeah. He's really _____. I like him a lot.
   (a) fast
   (b) cool
   (c) childish
   (d) awful

3. A: You speak English very well.
   B: Thank you, but I still have a long way to _____.
   (a) go
   (b) study
   (c) develop
   (d) compare

4. A: I'd like to have _____ with you.
   B: What's wrong?
   (a) a tongue
   (b) exchange
   (c) a saying
   (d) a word

5. A: Do you have a Spanish edition of this tour guide book?
   B: I'm afraid not. Won't an English edition _____?
   (a) do
   (b) bit
   (c) make
   (d) inform

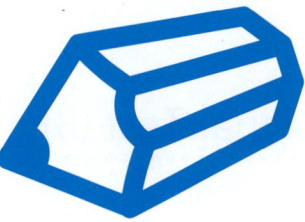

6. A: Be _____. Take it easy.
   B: Take care. Bye.
   (a) great
   (b) cozy
   (c) good
   (d) terrific

7. A: (*Outside the door of B's room*) Mary, are you _____?
   B: Yes, come in. The door is open.
   (a) modest
   (b) chaste
   (c) pure
   (d) decent

8. A: I can't believe he _____ a friend like that.
   B: Well, it's true. He said some insulting things about you, too.
   (a) backwashed
   (b) backlashed
   (c) backbit
   (d) backstroked

9. A: Sturdy is boring. Plus, red shoes bring good luck.
   B: But red doesn't _____ green.
   (a) go on
   (b) go with
   (c) go through
   (d) go off

10. A: Do you think she has to rehearse again?
    B: Don't worry. I _____ she'll be fine.
    (a) bet
    (b) get
    (c) doubt
    (d) beg

11. A: Tell him to _____ for just one second.

B: But he is very busy at the moment.

(a) hold

(b) hand

(c) ease

(d) own

12. A: At this point in my career, I can't _____ it.

B: No problem. I can pay for yours.

(a) affirm

(b) affect

(c) afford

(d) afflict

13. A: This box really _____ to keep it.

B: I think so. It has so many uses.

(a) is strenuous

(b) comes in handy

(c) is an uphill task

(d) comes tough sledding

14. A: Why did you _____ that young boy?

B: We were playing together and he just started crying.

(a) bleed

(b) upset

(c) cheat

(d) know

15. I can't help but give up climbing ever since the snake _____ me on the left leg.

(a) fractioned

(b) bit

(c) chopped

(d) diced

16. A: What happened? We were supposed to be a hundred miles away by now.
    B: Sorry, but I can't _____ the traffic.
    (a) help
    (b) support
    (c) wait
    (d) fix

17. A: Why are you being so _____?
    B: I don't know. Perhaps it's because I feel like I'm being attacked.
    (a) defective
    (b) deformative
    (c) detective
    (d) defensive

18. A: You need some benefit tickets? How many do you want me to buy?
    B: Are you _____ me a bribe?
    (a) teasing
    (b) taking
    (c) depending
    (d) offering

19. A: I'm going to be a stay-at-home dad.
    B: But the lives of role-_____ couples is often difficult.
    (a) conversed
    (b) reversed
    (c) revived
    (d) confirmed

20. A: We still have the neighborhood watch.
    B: I don't think so. The neighborhood watch is just a _____.
    (a) guardian
    (b) safety
    (c) pride
    (d) joke

21. A: I'm booked solid today. My head's going to explode.

B: Why don't you take a _____?

(a) rain check

(b) coffee break

(c) rosy view

(d) deep breath

22. A: Hey. Did you get my messages?

B: Yeah, but I didn't call you back because I wanted to talk to you _____.

(a) by myself

(b) in person

(c) on time

(d) in his place

23. A: Why don't you make more of an effort with your project?

B: You know, I've _____. But things are still not working out as well as I had hoped.

(a) seen for looking

(b) held up

(c) bent over backwards

(d) taken a ride

24. A: Why wait? Why don't we just rip it up now?

B: No, that's okay. You know, I don't want to _____.

(a) gather

(b) mass

(c) litter

(d) disband

25. A: Let me just handle it. Let's avoid making a big mistake.

B: Are you saying I can't be _____?

(a) hunchy

(b) rough

(c) bumpy

(d) tactful

Choose the most appropriate word or expression for the blank in the statement.

26. You will note that some of the ideas and points of view that were not mentioned were implied by the author, which is called "drawing _____" and is the beginning of "critical reading."
    (a) creativity
    (b) inferences
    (c) criticism
    (d) references

27. It is ironic and somewhat tragic how good people are often dull while evildoers can be endlessly _____.
    (a) ordinary
    (b) fascinating
    (c) skeptical
    (d) stubborn

28. Preference shares _____ the holder to receive dividends and provide them with voting rights.
    (a) treat
    (b) give
    (c) entitle
    (d) transfer

29. Many business schools are avoiding an _____ narrow management curriculum because a good manager in today's competitive economic conditions must be well versed in diverse aspects.
    (a) ambiguously
    (b) endemically
    (c) inadvertently
    (d) overly

30. I know him by _____, but I've never spoken to him.
    (a) seeing
    (b) mistake
    (c) sight
    (d) chance

Final Test (3)

31. Because most of them lack recreational facilities, high-rise apartments have been criticized in recent years as being _____ for families with children.
    (a) unsuitable
    (b) degrading
    (c) important
    (d) inevitable

32. You'd better hit the _____ if you want to pass that exam.
    (a) roof
    (b) bottle
    (c) books
    (d) road

33. There are some people who think that only the poor and less educated use slang, but this idea is _____.
    (a) erroneous
    (b) accurate
    (c) popular
    (d) widespread

34. The composer told a psychiatrist about a dream that had _____ for several days.
    (a) incurred
    (b) recurred
    (c) vaporized
    (d) reverberated

35. According to today's paper, _____ between the management and the union are not going well.
    (a) investigations
    (b) arguments
    (c) statements
    (d) negotiations

36. It was difficult at first, but now I've got the _____ of it.
    (a) art
    (b) technique
    (c) way
    (d) hang

37. The local government has plans to _____ some land from Mr. Parker.
    (a) retire
    (b) reclaim
    (c) return
    (d) revise

38. Mr. Baker was asked to _____ that project because of his experience working in Britain.
    (a) undertake
    (b) undergo
    (c) understand
    (d) undervalue

39. It is impossible for a serious scholar to condone this _____ dismissal of respected theories.
    (a) astute
    (b) cavalier
    (c) sagacious
    (d) necessary

40. The company _____ the right to change the prices without prior notification.
    (a) insists
    (b) intends
    (c) admits
    (d) reserves

41. After all of your _____ has been used up, visit my office for another prescription.
(a) illness
(b) vaccination
(c) medicine
(d) doctor

42. That trader was _____ for fraud for using his inside knowledge to make illegal profits on the stock market.
(a) predicted
(b) indicted
(c) interdicted
(d) contradicted

43. The price of gas has _____ by more than 10% since last year.
(a) downsized
(b) downed
(c) descended
(d) decreased

44. I have been _____ up on mathematics to pass the final exam.
(a) culminating
(b) excruciating
(c) boning
(d) exculpating

45. There are many _____ to our rules, and I do not think that's fair.
(a) examples
(b) exceptions
(c) excitement
(d) exiles

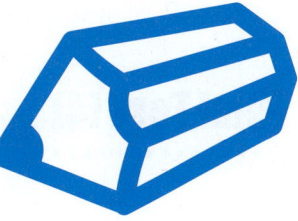

46. This dress is eye-catching, and many people _____ me on it.
    (a) compliment
    (b) complement
    (c) complaint
    (d) complementary

47. She was still wearing the _____ white dress.
    (a) flowering
    (b) flower
    (c) flowery
    (d) flowers

48. You have to remember that the education you receive will provide you with the knowledge necessary for the _____ of your goals.
    (a) development
    (b) establishment
    (c) attainment
    (d) amendment

49. If you contact us, you will get the professional, personal guidance you desire and deserve from your very own master _____.
    (a) psychic
    (b) publicist
    (c) mouthpiece
    (d) masseur

50. Philosophers assume that the love of wisdom is a natural _____ of the human being because in the depths of his being there is an intense longing to fathom the mysteries of existence.
    (a) endowment
    (b) compliment
    (c) resentment
    (d) presentiment

Final Test (4)

Part 1

Choose the most appropriate word or expression for the blank in the conversation.

1. A: What's up, Jake? You seem to be uneasy about something.
    B: Actually, I'm totally exhausted because of my mid-term. My energy is _____.
    (a) full of vigor
    (b) a flow of spirits
    (c) flagging
    (d) tired

2. A: I have to make 25 cheese pies for my book club.
    B: You're not human, are you? Seriously, how do you _____ it all in?
    (a) filch
    (b) cuddle
    (c) pinch
    (d) cram

3. A: I was a little bit upset as I met the town officials. They were very rude to me.
    B: You know, they would _____ more if they were in the countryside.
    (a) take air
    (b) hit the air
    (c) put on airs
    (d) take to the air

4. A: I'm trying to find something to _____ my stomach.
    B: Try taking these with some water.
    (a) smooth
    (b) flush
    (c) plane
    (d) mellow

5. A: The new class is really tough. Learning something foreign can be quite difficult.
    B: You're going to get used to it soon. By the way, are you going to the _____
       tonight? It's such a good chance to meet some of the other students.
    (a) innocent party
    (b) closed meeting
    (c) after-party
    (d) casual meeting

6. A: You spent every day hanging out with him.

B: I know, it's time for me to _____ down.

(a) fasten

(b) cut

(c) buckle

(d) grind

7. A: You've been working for me for over a month. I figured it was time we

got _____.

B: Well, I'll be happy to fill in the blanks. What would you like to know?

(a) acquainted

(b) fired

(c) ahold

(d) shocked

8. A: Why will our president retire?

B: It seems that he got so old that he will give _____ to his son.

(a) a tilt

(b) room

(c) a whirl

(d) yield

◯고난이도 **9.** A: What's the matter? You're not enjoying dinner.

B: I'm sorry, I have a stomachache. I'm going to _____ this if I try to eat it.

(a) play on

(b) look down on

(c) play down

(d) gag on

10. A: You need lots of documents when you apply for a passport.

B: I know. It's a real _____.

(a) head and shoulders

(b) pain in the neck

(c) neck and neck

(d) face like a thunder

Final Test (4)

11. A: Hey Paul! You're looking so much better and much more handsome these days.

B: You used to say that I'm so ugly. Why are you _____? Do you have a favor to ask me?

(a) begging on your knees

(b) buttering me up

(c) asking too much

(d) asking yourself

12. A: Could you just give me a fine?

B: I'm sorry. But your car is going to be _____.

(a) towed

(b) toed

(c) parked

(d) pulled over

13. A: Why would Juliet lie about that?

B: Again? Maybe, _____.

(a) never again

(b) how barefaced

(c) force of habit

(d) who knows

14. A: You know, it is hard to meet people.

B: _____. Through my sister's intercession, I could barely meet my present husband.

(a) I know that

(b) Everybody knows

(c) Of course

(d) Tell me about it

15. A: What a soap opera! I was waiting for like an evil twin to appear or for someone to get amnesia or something.

B: Well, I thought it was a bit _____.

(a) well-chosen

(b) flattering tongue

(c) over-the-top

(d) high

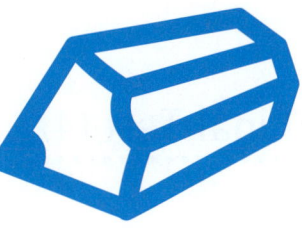

16. A: How's the sailing been? How's business?

B: I got off to a _____, but it's going well now.

(a) falling out

(b) rocky start

(c) nothing

(d) long duration

17. A: So in other words, we've failed.

B: No, no, the measures we've _____ are working.

(a) put forward

(b) put asunder

(c) put it over

(d) put to

18. A: The helicopter made an emergency landing _____ dab in the middle of the baseball field.

B: It's a good thing everyone got out of the way in time.

(a) taste

(b) smack

(c) flavor

(d) savor

19. A: He should be _____ on charges.

B: Okay, relax. Try not to fly off the handle.

(a) brought up

(b) picked his way

(c) fetched along

(d) taken through

20. A: What is it that you're suggesting we do?

B: I'm suggesting we do what other families do. We _____ together. We repay the debt together. And move on, together, as a family.

(a) call

(b) squeeze

(c) stick

(d) sew

21. A: I _____ every year to donate to the orphanage.

B: It's good to give back to society.

(a) make myself felt

(b) make up to

(c) make that way

(d) make it a point

22. A: With time and perspective, maybe we can learn some things.

B: If we had the time, we'd take the time, but we don't. So can you _____?

(a) get this over with

(b) get above it

(c) get among them

(d) get down on

23. A: I hate you, and you seem to hate me.

B: Right. I don't want to continue our relationship like this any more. So, let's _____.

(a) turn us adrift in the world

(b) turn in on yourself

(c) turn upside down

(d) turn over a new leaf

24. A: How did you ever find this book? It's out-of-print.

B: I did some research and _____.

(a) looked it out

(b) dug it up

(c) let it off

(d) hollowed it out

25. A: We've been over this before. Dating must be consensual.

B: Don't _____ of yourself. I never called it a date. I said we'd eat dinner.

(a) get beyond

(b) get ahead

(c) get around

(d) get abreast

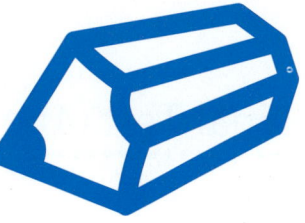

Choose the most appropriate word or expression for the blank in the statement.

26. The question of what to do to _____ climate change has become increasingly complex because of competing environmental, economic and energy concerns from countries with different priorities.
    (a) boost
    (b) tackle
    (c) delay
    (d) postpone

27. David was _____ when he found that the promotion he had expected had gone to someone else.
    (a) indirect
    (b) indignant
    (c) indistinct
    (d) indolent

28. If you have a _____, take your complaint to your supervisor.
    (a) grief
    (b) grimace
    (c) grumble
    (d) grievance

29. The Director of the Marketing Department at Sears asked his _____ to keep quiet about the upcoming promotion at the downtown store.
    (a) stuff
    (b) staff
    (c) peers
    (d) students

30. The firm _____ Mr. Morrison as its accountant after it was learned that he had not been mishandling funds.
    (a) reinstated
    (b) distracted
    (c) determined
    (d) reprimanded

Final Test (4)

31. It must have been a very _____ task to construct the Great Wall.
    (a) arduous
    (b) ardent
    (c) accurate
    (d) arguable

32. A qualified technician has to know how to _____ these machines.
    (a) manumit
    (b) manipulate
    (c) manifest
    (d) mediate

33. This country's economy is going from bad to worse, so the president has asked the people to live with _____.
    (a) frustration
    (b) frivolity
    (c) fruition
    (d) frugality

34. The evidence _____ any argument that the chairman had peculated the company's funds.
    (a) inveigled
    (b) inundated
    (c) inveighed
    (d) invalidated

35. Mr. Jones wants the coat now, so please send it _____.
    (a) prematurely
    (b) primarily
    (c) promptly
    (d) probably

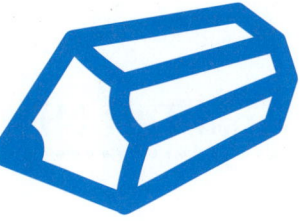

36. If customers come in and ask about this sale, please _____ and explain the printing error.
    (a) apologize
    (b) compromise
    (c) categorize
    (d) analyze

37. Pat _____ classes yesterday. It's often the case with him.
    (a) dropped
    (b) hampered
    (c) cut
    (d) interfered with

38. Come on, we've finished now. Let's call it a _____.
    (a) day
    (b) spade
    (c) completion
    (d) job

39. Fortunately, Ms. Mason has the unusual ability to transform a tedious legal contention into an _____ account.
    (a) arid
    (b) erratic
    (c) improbable
    (d) absorbing

40. Because the House has the votes to override a presidential veto, the President has no choice but to _____.
    (a) object
    (b) compromise
    (c) abdicate
    (d) abstain

41. His personal tastes in luxury travel, priceless antiques, and fancy restaurants were not what one might expect from a writer whose themes and characters were so _____.
(a) quotidian
(b) contradictory
(c) maladroit
(d) bombastic

42. Although many scientists have long _____ the Glacial Theory, it was only recently proven to be erroneous.
(a) adapted
(b) repudiated
(c) precipitated
(d) placated

43. Under the existing circumstances, the United Nations should _____ to stop the civil war.
(a) obstruct
(b) intervene
(c) impede
(d) disrupt

44. The imposition of heavy taxes on industries that emit toxic substances into the environment could prove to be an effective _____ to maintaining a clean, green earth.
(a) apparition
(b) detergent
(c) abeyance
(d) incentive

45. Legislation has been introduced in some states that requires plastic bags to be made of biodegradable material which gradually _____ over a period of time when exposed to sunlight.
(a) subsides
(b) ossifies
(c) decomposes
(d) proliferates

46. Nature has an apparently _____ source of plants that can be fruitfully exploited for the herbal cure of many diseases.
   (a) insuperable
   (b) inexhaustible
   (c) insatiable
   (d) iniquitous

47. After a few nights of insomnia, I eventually fell asleep after being _____ by my mom.
   (a) lulled
   (b) sleeked
   (c) peered
   (d) dreamed

48. The man will be _____ to failure unless he makes himself aware of the fact.
   (a) reserved
   (b) defeated
   (c) condemned
   (d) assumed

49. Engineers are _____ valves that control cabin pressure to find the source of the leak and replace the defective item.
   (a) creating
   (b) isolating
   (c) percolating
   (d) lingering

50. Corals and mangroves in the Caribbean are dying faster than previously thought, with widespread development being partly to _____.
   (a) blame
   (b) cause
   (c) source
   (d) criticize

정답 및 해설

Chapter 1 연어

Theme 01 Challenge

1.
해석_ A: 극악한 테러 행위가 네 명의 한국인 관광객들의 목숨을 빼앗았어.
B: 가엾어라! 죄 없는 사람들이 불시에 죽었구나.
해설_ claim the lives는 '생명을 빼앗다, 목숨을 앗아가다' 라는 의미.
어휘_ heinous 극악한, 흉악한 innocent 죄 없는, 순진한 all of a sudden 불시에, 갑자기 mollify (감정 등을) 누그러뜨리다
정답_ (b)

2.
해석_ A: 카지노에서 도박에 빠진 뒤로 그는 아버지에게 물려받은 재산을 계속 탕진해왔어.
B: 그는 나머지 재산을 탕진하기 전에 당장 도박을 그만둬야 해.
해설_ '재산을 탕진하다' 라는 내용이 되어야 문맥이 맞으므로 dissipate(낭비하다, 탕진하다)가 들어가야 한다. squander away도 dissipate와 같은 의미로 쓰인다.
어휘_ take to gambling 도박에 빠지다 squander away 낭비하다, 탕진하다 disperse 흩뜨리다 dump 버리다 dissolve 용해하다; 해산하다
정답_ (d)

3.
해석_ A: 음식점을 개업했으니 지역 신문에 광고를 내는 게 어때요?
B: 그럴까 생각해 봤지만, 비용이 제가 지금 감당할 수 있는 한도를 훨씬 넘어가요.
해설_ '광고를 내다' 는 place[put] an advertisement로 쓴다.
어휘_ can afford ~할 여유가 있다
정답_ (d)

4.
해석_ 노조는 새 고용 정책에 대해서 회사의 경영진과 대립해왔다.
해설_ lock horns with는 '~와 맞붙다, 격돌하다' 라는 의미. 황소 두 마리가 서로 뿔을 맞대고 싸우는 것처럼 대치하고 격돌하는 상태를 의미한다.
어휘_ trade union 노동조합 management board 경영진
정답_ (b)

5.
해석_ 시위자들은 경찰청이 시위 도중 발생한 경찰의 잔혹 행위를 은폐하려 한다고 진술하며 지난달 국가인권위원회에 제소했다.
해설_ '제소하다' 는 file a petition이라고 한다.
어휘_ national human rights commission 국가인권위원회 policy agency 경찰청 cover up 은폐하다 brutality 잔혹한 행위 rally (정치적·종교적) 집회, 시위
정답_ (c)

Theme 02 Challenge

1.
해석_ 그는 응급처치를 받아서 그 자동차 사고에서 살아남을 수 있었다.
해설_ administer에는 '(약 등을) 투여하다, (치료를) 해주다' 라는 뜻이 있다. 따라서 administer first aid 하면 '응급처치를 취하다' 라는 의미가 된다.
어휘_ first aid 응급처치
정답_ (c)

2.
해석_ 전 세계적인 빈곤을 줄이는 데 수십억 파운드의 납세자들의 돈을 투자하는 공유 회사의 사장으로서, Richard Laing은 극빈자들의 재정을 개선하는 데 전념하는 수많은 사람들 중 하나이다.
해설_ '(고통 등을) 덜다' 라는 뜻의 alleviate가 문맥에 맞다.
어휘_ taxpayer 납세자 be dedicated to ~에 전념하다 aggravate 악화시키다 soothe 달래다
정답_ (a)

3.
해석_ A: Jessica가 그에게 어떻게 소리를 질렀는지 들었어요?
B: 네. 그녀는 늘 모두에게 신경질을 부리잖아요.
해설_ '신경질을 내다' 라는 뜻의 throw a fit이 문맥에 맞다.
어휘_ send away 추방하다, 내쫓다 fire out 해고하다 emit out 방사하다, 내뿜다
정답_ (b)

4.
해석_ A: Bill은 때때로 화를 잘 내는 것처럼 보이긴 하지만 뒤끝이 없어.
B: 그래, 처음에는 그가 좀 무서웠지만 좋은 사람이야.
해설_ hold a grudge는 '원한을 품다' 라는 의미. 우리말의 '뒤끝이 없다' 라는 말은 don't hold a grudge로 표현하면 된다.

어휘_hot-tempered 성급한, 화를 잘 내는 **have the nerve to-V** 뻔뻔스럽게도 ~하다 **have the guts** 용기가 있다

정답_(a)

5.

해석_과학자들은 알츠하이머병의 원인일 수도 있는 유전자를 찾아냄으로써 그 병을 이해하는 데 진보했다.

해설_make[gain] headway는 '전진하다, 진보하다, 진척되다' 라는 의미.

어휘_locate (위치를) 알아내다 **gene** 유전자

정답_(d)

Theme 03 Challenge

1.

해석_A: 수학 시험 어땠어?

B: 끔찍했어! 시험지를 보니까 그냥 멍해지더라.

해설_go blank는 '(마음 등이) 멍해지다' 라는 뜻의 관용구.

정답_(b)

2.

해석_A: 땀에 흠뻑 젖었네. 이 방이 너무 덥니?

B: 난 매운 것을 먹을 때 땀을 심하게 흘리는 그런 사람이야.

해설_profusely는 땀이나 피 등을 '많이' 흘린다고 할 때 쓸 수 있다.

어휘_sweaty 땀투성이의 **perspire** 땀을 흘리다 **flatly** 단호하게 **strenuously** 맹렬하게

정답_(a)

3.

해석_A: 마드리드 지사가 이번 달에 가장 많이 판매했어요.

B: 훌륭하군요. 그들은 노고에 대해 후하게 보상받을 거예요.

해설_handsomely는 '후하게, 넉넉하게' 라는 뜻을 가지고 있다.

어휘_branch 지사 **reward** 보상하다 **smartly** 민첩하게; 말쑥하게

정답_(c)

4.

해석_A: 솔직해지는 게 쉽진 않군요.

B: 진실은 항상 드러나기 마련이죠. 그에게 사실을 말해요, 알았죠?

해설_come clean은 '사실을 말하다, 자백하다' 라는 의미.

정답_(c)

5.

해석_A: 이쪽으로 발령받고 싶었는데 안 될 것 같아.

B: 왜 사장님은 네가 여기서 일하는 걸 원하지 않아서?

해설_근무지에 대한 대화이므로 **get transferred**(전근되다)가 적절하다.

어휘_get switched 바뀌다 **get divorced** 이혼하다

정답_(d)

Theme 04 Challenge

1.

해석_A: 우린 이 프로젝트를 열심히 했지만 실패했어.

B: 처음부터 승산이 없었어.

해설_승산이 없거나, 처음부터 성공할 가망이 없는 목표를 **lost cause**라고 한다.

어휘_long face 우울한 얼굴

정답_(b)

2.

해석_A: John이 곧 다가올 선거를 이기게 될지 의문이야.

B: 동감이야. 그는 선출될 가망성이 반반도 없어.

해설_John이 선거에서 이길 수 있는지에 대해 A와 B 모두 부정적인 입장을 취하고 있으므로 문맥상 **even chance**(반반의 가망성)가 가장 적절하다.

어휘_downbeat 퇴보 **negativity** 소극성 **affluence** 풍족함

정답_(c)

3.

해석_A: Mary가 미혼인지 아닌지 아니?

B: 왜 그녀에게 관심을 갖는 건데? 그녀가 너 같은 사람이랑 데이트할 가능성은 아주 희박해.

해설_'성공할 가능성이 적은 기회' 는 **slim chance**라고 한다.

정답_(a)

4.

해석_Mary는 언제나 당신을 열렬하게 환영해요. 당신을 정말 좋아하나 봐요.

해설_문맥상 **effusive**(감정이 넘쳐흐르는)가 적절하다.

어휘_moderate 절도 있는, 알맞은 **extravagant** 낭비하는, 사치

스러운 **pushy** 억지가 센, 뻔뻔한

정답_(c)

5.

해석_이 얘기는 전투에서 목숨을 잃은 용맹한 군인들을 애도하는 겁니다.

해설_**elegiac verse**는 '애가, 슬픈 노래' 라는 의미.

어휘_**mourn** 슬퍼하다, 애도하다 **valiant** 용맹스런 **satiric** 풍자적인 **desultory** 산만한

정답_(d)

Theme 05 Challenge

1.

해석_**A:** 오, 이런! 내가 최근에 산 이 차가 또 고장이 났어.

　　B: 누군가에게 한번 살펴보라고 하는 게 낫겠어요.

해설_**on the fritz**는 '고장이 나서' 라는 의미.

어휘_**on the spot** 그 자리에서, 즉석에서 **on the air** 방송 중에 **on the careen** 기울어져

정답_(b)

2.

해석_**A:** 제가 뭘 하기를 바라세요?

　　B: 그냥 내 지시사항을 그대로 따르면 돼.

해설_**to the letter**는 '글자 그대로, 엄밀히, 정확히' 라는 뜻이다.

어휘_**off the books** 제명되어 **by and large** 대체로, 대강 **for all the world like** 아주 흡사하여

정답_(a)

3.

해석_**A:** 내가 처리할 수 있어. 나 혼자서 처리하고 싶어.

　　B: 좋아. 하지만 무슨 일이 생기면 그건 네 책임이야.

해설_**on A's hands**는 A의 손에 있다는 뜻에서 'A의 책임인' 이라는 의미로 쓰인다.

어휘_**sneak out** 몰래 빠져나가다 **out of commission** 퇴역하여; (기계가) 고장이 나서 **be spaced out** 멍해지다

정답_(b)

4.

해석_드레스 재료의 추가 공급에 대한 새로운 제의가 진행 중이기 때문에 회사는 올 회계연도에 성장세를 유지할 것이다.

해설_**in the pipeline**은 '발송 중인, 진행 중인' 이라는 뜻의 관용구.

어휘_**sustain** 유지하다 **fiscal year** 회계연도 **in a queue** 줄을 서서

정답_(d)

5.

해석_지나간 폭우와 자연 침식 때문에 벽이 기울어졌다.

해설_**on the careen**은 '기울어져, 경사져서' 라는 의미.

어휘_**under pretense** 가장하여 **out of earshot** 들리지 않는 곳에 **for kicks** 재미삼아

정답_(c)

Theme 06 Challenge

1.

해석_**A:** 항소 법원이 그 유죄 판결을 뒤엎었어요.

　　B: 정말 터무니없군요! 누구라도 그가 유죄임을 알 수 있을 텐데요.

해설_'완전히' 터무니없다는 말이므로 **absolutely**를 써야 한다.

어휘_**court of appeals** 항소 법원 **overturn** 뒤집다 **conviction** 유죄 판결 **profoundly** 깊이, 심오하게 **unduly** 부당하게 **profusely** 풍부하게

정답_(c)

2.

해석_**A:** 당신은 그 사람의 서명을 위조하지 말았어야 했습니다.

　　B: 알아요. 그에게 양심의 가책을 느낍니다.

해설_'양심의 가책' 은 **a pang of conscience**로 표현한다.

어휘_**forge** 위조하다

정답_(a)

3.

해석_우리는 브랜드 인지도가 소비자들의 여행사 선택에 긍정적인 영향을 끼친다는 것을 알게 되었다.

해설_'브랜드 인지도' 는 **brand awareness**라고 한다. **knowledge**나 **consciousness**(의식)를 사용하지 않도록 주의하자.

정답_(b)

4.

해석_도서대출 창구는 시애틀 공공도서관의 4번가 입구 근처에 위치하

고 있다.

해설_ '도서대출 창구' 는 **circulation desk**라고 한다.

어휘_ regulation 규칙, 규정 **cumulation** 축적
rendering 표현, 연출; 반환

정답_ (d)

5.

해석_ 그 학자는 힘든 현대 생활의 소란 속에서 은신처를 찾으려고 했다.

해설_ tough modern life에서 '소란' 이라는 의미의 **clack and clatter**가 적절함을 알 수 있다.

어휘_ lost and found 분실물 센터 **nuts and bolts** 기본, 요점
pros and cons 찬반양론

정답_ (a)

Theme 07 Challenge

1.

해석_ A: 합법적인 국내 음악과 영화 CD 산업이 중국에 뿌리내렸으면
좋겠어.

B: 하지만 그건 시간이 너무 오래 걸릴 거야.

해설_ 문맥상 **take root**(뿌리내리다)가 되어야 자연스럽다.

어휘_ legitimate 합법적인 **domestic** 국내의

정답_ (b)

2.

해석_ A: 당신이 영향력 있는 사람이라는 건 알아요. 하지만 당신이 관계
해도 되는지는 모르겠어요.

B: 난 이길 가능성이 있기 때문에 이 문제에 있어선 단호한 입장을
취하는 거예요.

해설_ take a firm stand는 '단호한 입장을 취하다' 라는 의미.

어휘_ put an edge 날을 세우다 **give a boost** 후원하다

정답_ (d)

3.

해석_ A: 우리는 그에 대해 법적 조치를 취할 수밖에 없었어요.

B: 법정 밖에서 이 문제를 해결할 수는 없나요?

해설_ '조치를 취하다' 라고 할 때 **action**과 함께 쓰는 동사는 **take**이
다.

어휘_ legal action 법적 조치

정답_ (a)

4.

해석_ A: Jack은 주가가 떨어지기 전에 그의 돈을 모두 주식시장에 투자
했어.

B: 불쌍한 Jack! 크게 실패했구나.

해설_ come a cropper는 '크게 실패하다' 라는 의미.

어휘_ clipper 손톱깎이 **flipper** 지느러미 모양의 발

정답_ (c)

5.

해석_ 그들의 끊임없는 말다툼과 싸움이 내 신경을 건드리기 시작했다.

해설_ grate on A's nerves는 'A의 신경을 건드리다, A를 짜증나
게 하다' 라는 의미. **grate**는 '비비다, 문지르다' 라는 뜻으로, 누
군가의 신경을 문질러대는 것이니까 짜증나게 한다는 뜻으로 이해
하면 되겠다.

정답_ (b)

Chapter 2 단어

Theme 08 Challenge

1.

해석 A: 법원이 판결을 내렸습니까?

B: 다행히도 그는 100만 원으로 책정된 보석금을 내고 풀려났습니다.

해설 문맥상 '보석금을 내고' 라는 뜻의 **on bail**이 들어가야 한다.

어휘 suit 소송 quarantine 검역 feud (여러 대에 걸친) 불화

정답 (b)

2.

해석 그는 몸무게를 줄이려는 필사적인 시도로 아주 적은 양의 음식을 먹었다.

해설 몸무게를 줄인다는 것과 문맥이 맞으려면 '아주 적은 양의' 라는 뜻의 **measly**가 들어가야 한다.

어휘 abundant 풍부한 ample (남을 정도로) 충분한, 넓은 mealy 거친 가루의

정답 (a)

3.

해석 한반도의 미군 주둔은 한국에 대한 중국의 그 어떤 부적당한 행동도 저지하고, 한일 관계에서의 긴장을 완화하는 데 도움을 줄 수 있었다.

해설 '중국의 부적당한 행동을 저지한다' 고 해야 문맥이 맞으므로 **untoward**(부적당한)가 들어가야 한다.

어휘 deter 단념시키다 dampen 축축하게 하다; (기를) 꺾다 tension 긴장 appropriate 적절한 relevant 관련된

정답 (c)

4.

해석 사람들은 물가가 급속히 상승할 거라고 예상했기 때문에 물건을 사재기하기 시작했다.

해설 **hoard**는 '저장하다, 축적하다, 사재기하다' 라는 의미.

어휘 inspect 조사하다 solicit 간청하다, 졸라대다 swell 부풀어 오르다, 팽창하다

정답 (a)

5.

해석 나중에 미국인들은 그 음악에 '컨츄리' 라는 불후의 명성을 붙여 주었으며, 그것은 그 이후부터 모든 공연의 일부가 되었다.

해설 문맥상 '불후의 명성을 주다' 라는 뜻의 **immortalize**가 들어가야 한다.

어휘 impose 부과하다 flaunt 과시하다

정답 (d)

Theme 09 Challenge

1.

해석 A: 당국은 자본소득에 붙는 세율을 올리고 이자율을 높게 유지하고 있습니다.

B: 흠, 어느 것도 투자 심리를 띄울 수 있을 것 같지 않군요.

해설 **buoy**는 '부표' 의 뜻에서 확장되어 '띄우다, 기운을 북돋우다' 의 의미로 사용된다. **float**는 '떠 있다, 둥둥 떠다니다' 의 의미이므로 정답으로 부적절하다.

어휘 capital gains 자본소득 investor mood 투자 심리 appraise 감정하다, 평가하다

정답 (c)

2.

해석 A: 무슨 일이야? 종일 시무룩해 있잖아.

B: 미안해. 그냥 시험 결과가 걱정이 돼서.

해설 시험 결과를 걱정하고 있으므로 **mopey**(생기 없는, 시무룩한, 나른한)가 적절하다.

어휘 vague 막연한, 애매한, 흐릿한 loose 헐거운; (정신적으로) 해이한 vulnerable 상처받기 쉬운, 취약성이 있는

정답 (a)

3.

해석 어떤 커플들은 대화를 갈망하여 다시 만나면 먼저 한바탕 분주하게 재잘거린다.

해설 **small talk**를 갈망하는 것과 문맥이 통하는 단어는 **jabber**(재잘거리다)이다.

어휘 embalm 미라로 만들다 giggle 낄낄대다 snuggle 달라붙다

정답 (c)

4.

해석 그녀의 가족으로부터 온 예기치 못했던 좋은 소식은 그녀의 축 처진 기분을 끌어올렸다.

해설 '축 늘어진' 기분을 끌어올렸다고 해야 문맥이 맞으므로 **sagging**이 적절하다.

어휘_ embittered (감정 등이) 몹시 상한   downturn (경기 등의) 내림세, 하락

정답_ (b)

5.

해석_ 그 건설사가 제시간에 다리를 완성하지 못하자, 그들과 시 당국 사이의 불화가 시작되었다.

해설_ 문맥상 '불화' 라는 뜻의 **rift**가 알맞다.

어휘_ grudge 원한, 악의   breach 위반   smear 오점, 얼룩; 중상, 비방

정답_ (d)

Theme 10 Challenge

1.

해석_ A: 내가 이기게 해줘. 내 여자친구가 날 약골로 생각해.

　　 B: 그녀가 널 약하다고 생각하는 건 내 문제가 아니야.

해설_ 문맥상 '약골' 이라는 뜻의 **wimp**가 적절하다.

어휘_ wimble 송곳   wimple 수녀의 베일

정답_ (a)

2.

해석_ 그 신축 빌딩은 내부는 매우 현대적이지만, 거리에서 보면 그 외관은 그 지역의 18세기 양식과 섞여 있다.

해설_ 건물의 내부와 외부가 대비되고 있으므로 '(건물의) 정면, 외관' 의 뜻을 가진 **facade**가 들어가야 한다.

어휘_ fringe 주변   verge 가장자리   guise 변장

정답_ (d)

3.

해석_ 환경운동가들은 여러 정치 집단으로부터 새로 제안된 환경정책을 옹호해줄 충분한 지지를 모았다.

해설_ 문맥상 '모으다, 축적하다' 라는 뜻의 **garner**가 알맞다.

어휘_ gamble 도박하다   gable 박공 구조로 하다   corner 구석으로 몰다, 궁지에 빠뜨리다

정답_ (c)

4.

해석_ 분만실에서 아내는 투덜거렸고 산부인과 의사의 조언을 따르기를 거부했다.

해설_ 문맥상 '투덜거리는' 이라는 뜻의 **cantankerous**가 알맞다.

어휘_ obstetrician 산부인과 의사   oscillate (마음이) 흔들리다   debilitate 쇠약하게 하다   rehabilitate 사회 복귀시키다, 원상으로 복귀시키다

정답_ (d)

5.

해석_ 우리는 변화무쌍한 구름 속에서 끝없이 연속되는 그림을 볼 수 있다.

해설_ endless succession과 문맥상 통하는 단어는 **protean**(변화무쌍한)이다.

어휘_ pricking 따끔따끔한   bearish 곰 같은, 난폭한   clarified 뚜렷해진

정답_ (c)

Theme 11 Challenge

1.

해석_ A: 그는 어떤 신도 믿은 적이 없어요.

　　 B: 그는 무신론자인가요? 어려운 문제에 부딪치면 이따금씩 기도를 한다고 생각했는데.

해설_ 어떤 신도 믿지 않는 사람을 일컫는 단어는 **atheist**(무신론자)이다.

어휘_ deity 신, 신성   conservative 보수적인 사람   reclusive 은둔한   therapeutist 치료학자, 치료 전문가

정답_ (b)

2.

해석_ 그는 모든 일에 아주 까다롭기 때문에 아무도 그를 좋아하지 않는다.

해설_ 남들이 좋아하지 않는 이유가 되어야 하므로 '까다로운' 이라는 뜻의 **fastidious**가 알맞다.

어휘_ casual 우연한   social 사회적인, 사교적인

정답_ (a)

3.

해석_ Prato는 마지못해 세계화하고 있는 이탈리아인을 밀쳐내며 열심히 일하는 역동적인 중국인들과 전통적인 가업을 고집하는 구세계의 이탈리아인들, 이 두 문화가 충돌하는 중심지가 되었다.

해설_ 이탈리아인들이 전통적인 가업을 고집한다는 것과 일맥상통하기 위해서는 세계화에 부정적이라는 내용이 와야 하므로 **reluctantly**(마지못해)가 적절하다.

어휘_ wedded to ~을 고집하는   willingly 기꺼이

simultaneously 동시에 **passionately** 열렬히

정답_(c)

4.

해석_그는 잘 훈련된 적과의 접전에서 치명적인 부상을 입었다.

해설_문맥상 '작은 접전' 의 의미를 가지는 **skirmish**가 적절하다.

어휘_**inflict** (상처 등을) 입히다 **boorish** 촌사람의 **flourish** 번성하다, 융성하다 **sluggish** 기능이 둔한, 부진한, 느린

정답_(c)

5.

해석_북한 지도자 김정일은 전직 대통령인 Bush를 정치적인 바보라고 비난했다.

해설_비난했다(**criticized**)고 했기 때문에 빈칸에는 부정적인 느낌의 단어가 들어가야 하므로 **imbecile**(바보; 저능한)이 적절하다.

어휘_**facile** 용이한 **docile** 유순한, 순종적인 **domicile** 주소

정답_(d)

Theme 12 Challenge

1.

해석_A: 이걸로 하겠어요. 선물 포장 되나요?
　　B: 물론이죠.

해설_'선물용으로 포장하다' 는 **gift-wrap**이라고 한다.

어휘_**package** 꾸러미, 소포; 포장하다

정답_(b)

2.

해석_과학자들은 이전에 최초의 공룡들이 basal dinosauromrphs로 알려진 그들의 더 원시적인 사촌들을 재빨리 능가하여 그들을 멸종시켰다고 가정했다.

해설_한쪽이 다른 쪽을 능가하여 멸종시켰다고 해야 문맥이 맞으므로 **out-compete**(능가하다)가 적절하다.

어휘_**hypothesize** 가설을 세우다 **extinction** 멸종 **fracture** (뼈를) 부러뜨리다

정답_(a)

3.

해석_A: Kim은 자신의 공연을 정말 잘했어요. '여왕' 이라는 칭호를 받을 만해요.
　　B: 그래요, 그녀의 쇼트 프로그램은 완전무결했어요.

해설_공연을 잘했다는 내용이므로 긍정적인 의미의 **picture-perfect**(완전무결)가 들어가야 한다.

어휘_**blunt** 무딘 **extravagant** 사치스러운 **preposterous** 불합리한

정답_(b)

4.

해석_A: 대학을 졸업하려니 만감이 교차하는구나.
　　B: 의젓한 사회의 일원이 된다는 건 기분 좋은 일이지만 아쉽기도 해. 시원섭섭하다고 할까.

해설_feel the lack of something(아쉬움을 느끼다)과 문맥상 상통하는 말은 **bittersweet**(시원섭섭한)이다.

어휘_**decent** 의젓한 **pathetic** 애처로운 **bothersome** 귀찮은, 성가신

정답_(c)

5.

해석_우리 회사의 제일 큰 고객 중 하나가 파산해서 우리의 생산 인력을 줄여야 할지도 모릅니다.

해설_문맥상 '(인원을) 축소하다' 라는 뜻의 **downsize**가 알맞다. **downsize**는 '(회사나 기구, 조직 등의) 인력을 감축한다' 는 의미로 쓰인다.

어휘_**deduce** 연역하다, 추론하다 **optimize** 최적화하다

정답_(d)

Mini Test 1

1.

해석_ A: 어느 팀이 이길 것 같니?

B: 잘 모르겠어. 하지만 지금은 막상막하야.

해설_ neck and neck은 경마에서 말들이 목을 나란히 하고 달리는 모습에서 유래된 말로, '비슷비슷하게, 막상막하로' 라는 의미를 가지고 있다.

어휘_ near the margin 아슬아슬한 on all sides 사방에, 도처에 in top form 최상의 상태로

정답_ (c)

2.

해석_ A: 아빠, 내가 하버드 대학에 들어가면 우리가 등록금을 감당할 수 있을까요?

B: 결론을 말하면 우리는 그렇게 많은 돈이 없구나.

해설_ the bottom line is that~은 '요컨대 ~, 결론을 말하면 ~' 이라는 의미.

어휘_ tuition 학비, 등록금 boarder 하숙인, 기숙생

정답_ (a)

3.

해석_ A: 정말 잘했어, Ken.

B: 나 혼자 한 게 아니야. 많은 사람들이 그것을 성공작으로 만들기 위해 막후에서 일을 했어.

해설_ behind the scenes는 '무대 뒤에서, 막후에서' 라는 뜻의 관용구.

정답_ (c)

4.

해석_ A: 이건 실질적인 돈을 벌 수 있는 좋은 기회야.

B: 나도 그렇게 생각해. 이건 좋은 기회야.

해설_ a golden chance는 황금 같이 '좋은 기회' 라는 의미.

어휘_ a hunk of change 얼마 안되는 돈 a big bargain 아주 싼 물건 a fat chance 희박한 가능성

정답_ (c)

5.

해석_ A: 그들은 많은 것들에 대해 서로 의견이 달라요.

B: 괜찮을 거예요. 그들은 분명 문제를 잘 해결할 수 있어요.

해설_ It will be OK.라고 했으므로 '원활하게 하다' 라는 뜻의 iron out이 문맥상 적절하다.

어휘_ take on ~을 고용하다, 맡다 call off 취소하다 make a poor out 잘되는 게 없다

정답_ (b)

6.

해석_ 우승팀이 공항에 착륙하자마자, 밖에 서 있던 팬들로부터 큰 환호성이 터져 나왔다.

해설_ flurry는 '질풍, 돌풍, 작은 동요, 혼란' 등의 의미이다.

어휘_ gathering 모임; 군중, 무리 supply 공급

정답_ (d)

7.

해석_ 정보 기술이 매우 중요해져서 이제는 대부분의 정부 부문에서 각광받고 있다.

해설_ 문맥상 '각광받다' 라는 뜻의 take center stage가 적절하다.

어휘_ take control 통제하다, 장악하다 take time 시간이 걸리다

정답_ (b)

8.

해석_ 우리는 좀 떨어져서 양치기 몇 명이 언덕 아래로 이동하는 것을 볼 수 있었지만, 그들은 완전히 소리가 들리지 않는 곳에 있었다.

해설_ earshot은 '부르면 들리는 곳' 이라는 뜻이다. within earshot(불러서 들리는 곳에), out of[beyond] earshot(불러서 들리지 않는 곳에)으로 외워두자.

어휘_ out of sight 보이지 않는 곳에 out of order 고장이 난

정답_ (b)

9.

해석_ 대사관은 시민들이 분쟁 지역으로 여행하지 않도록 여행 주의보를 내렸다.

해설_ travel advisory는 '정부가 내리는 해외여행자에 대한 경고' 이다.

어휘_ a travel agency 여행사 scheme 도식

정답_ (d)

10.

해석_ 자신의 신념을 굽히지 않으려 한다는 점이 그를 위대한 지도자로 만들어준다.

해설_ 문맥상 '(의지 등을) 굽히다' 의 뜻을 가지고 있는 bend가 적절하다.

정답_ (a)

11.

해석_ 육지로 둘러싸인 작은 나라들은 모든 필수품들의 공급을 이웃 나라에 전적으로 의존하고 있다.

해설_ '(나라 등이) 육지로 둘러싸인' 이라는 뜻의 **landlocked**가 문맥에 맞다. **surrounded**(둘러싸인)가 답이 되려면 뒤에 **by~**나 **with~** 등의 전치사구가 나와 무엇에 의해 둘러싸여 있는지 분명히 제시되어야 한다.

어휘_ **padlocked** 자물쇠로 잠긴

정답_ (a)

12.

해석_ 그는 비록 그 일에서 물러났지만, 아직도 자신이 그 부서에 이해관계가 있다고 생각하고 여러 결정에 계속 간섭을 한다.

해설_ **have a stake in**은 '~에 이해관계가 있다' 라는 의미.

어휘_ **slate** 슬레이트, 점판암

정답_ (c)

13.

해석_ 차로 구릉진 지역을 여덟 시간 동안 가야 하기 때문에 여행자들은 주로 이 지점에서 멈춘다.

해설_ **stopover**는 '도중하차(지), 잠깐 들르는 곳' 이라는 의미.

어휘_ **hilly** 언덕이 많은, 구릉진 **take a drive** 드라이브하다 **take a ride on** ~을 타다

정답_ (b)

14.

해석_ 사람들은 종종 고양이 하면 내성적인 사람의 이미지를 떠올리지만, 사실 고양이는 명석하고 유쾌한 성격을 둘 다 가지고 있다.

해설_ **associate A with B**는 'A 하면 B를 연상하다' 라는 의미. **consider**가 정답이 되려면 **consider A as B**(A를 B로 간주하다)의 형태가 되어야 한다.

어휘_ **introvert** 내성적인 사람 **hilarious** 유쾌한, 즐거운 **object** 반대하다 **retort** 반박하다

정답_ (a)

15.

해석_ 혀에는 대략 10,000개의 미뢰가 있다. 그것들이 없으면 짠맛, 쓴맛, 단맛, 신맛을 체험할 수 없을 것이다.

해설_ **taste bud**는 '미뢰' 라는 의미이고, 나머지는 단지 헷갈리게 하기 위해 만든 단어의 조합들이다.

정답_ (c)

Chapter 3 숙어

Theme 13 Challenge

1.

해석_ A: 길거리 공연을 허가받는 것은 너무 복잡해요.

　　　B: 동의합니다. 구청은 이런 관료주의를 폐기해야 합니다.

해설_ **red tape**은 '까다롭고 쓸데없는 절차가 많은 관료주의' 를 의미한다.

어휘_ **selfishness** 이기심 **bureaucrat** 관료 **insulating tape** 절연 테이프

정답_ (d)

2.

해석_ A: 어떻게 걔한테 키스할 수 있어? 걔는 내 여동생이야.

　　　B: 그럴 의도는 아니었어. 그냥 갑자기 그렇게 된 거야.

해설_ 문맥상 '뜻밖에, 불시에' 라는 뜻의 **out of the blue**가 알맞다.

어휘_ **in a breeze** 간단히, 거뜬히 **out and out** 철저히, 완전히

정답_ (c)

3.

해석_ A: 난 그녀와 사귀어.

　　　B: 정말? 그 드라마에 나온 그 여자? 정말 부럽다.

해설_ 문맥상 '몹시 부러워하는' 이라는 뜻의 **green with envy**가 적절하다.

어휘_ **soap opera** 텔레비전 드라마(미국의 텔레비전 연속극의 스폰서가 주로 비누회사인데서 유래된 표현) **flatter** 아첨하다 **flirt with** ~와 시시덕거리다

정답_ (d)

4.

해석_ A: 한 번의 파티에 너무 많은 돈이 드는군요.

　　　B: 하지만 그녀는 극진한 대접을 기대하고 있어요.

해설_ **the red carpet**은 '극진한 대우' 라는 의미.

어휘_ **carpe diem** (라틴어) 현재를 즐겨라 (= **seize the day**)

정답_ (b)

5.

해석_ 비록 귀족의 혈통이 Kerry의 가문에 흐르고 있지는 않지만, 그는 항상 왕가에 매혹되어 있었다.

해설_ **blue blood**는 '귀족의 혈통' 이라는 의미.

어휘_ **ancestry** 조상, 가문, 계보 **red-hot** 최신의 **to the bone**

뼛속까지, 철저히 **hang fire** 지연되다

정답_ (a)

Theme 14 Challenge

1.

해석_ A: 왜 우리가 Ms. Choi의 비위를 맞춰야 하는 거지? 더 이상은 못 참겠어!

B: 나도 마찬가지야. 사직하기 직전이라구.

해설_ curry favor with는 '~에게 아첨하다, ~의 비위를 맞추다' 라는 뜻의 관용구.

어휘_ on the brink of ~하기 직전의

정답_ (b)

2.

해석_ A: 사실 엄마, 제가 잘못한 일에 대해 말씀드리고 싶어요.

B: 난 네 엄마란다. 네가 하는 말 중에 엄마가 완전히 손쉽게 해낼 수 없는 일은 없단다.

해설_ take ~ in one's stride는 '~을 손쉽게 해내다' 라는 의미.

어휘_ out of order 고장이 난 **beyond words** 형언할 수 없는 **on the job** 근무 중의, 근무 장소에서 행해지는

정답_ (d)

3.

해석_ A: 내 프로젝트를 하느라 어제 밤을 샜어요.

B: 잠시 눈 좀 붙이는 게 좋겠어요. 아주 지쳐 보여요.

해설_ 밤을 샌 사람에게 할 수 있는 말은 **get some shut-eye**(잠시 눈을 붙이다) 밖에 없다.

어휘_ get along 잘 지내다 **get somewhere** 성공하다

정답_ (c)

4.

해석_ A: 최근에 John을 본 적 있어요? 내가 듣기로는 승진했다던데요.

B: 맞아요. 게다가 그는 요즘 잘나가고 있는 것 같아요!

해설_ be sitting pretty는 '잘 되고 있다' 라는 의미.

어휘_ step up 올라가다, 승진하다 **rise to a fence** 울타리를 뛰어넘다

정답_ (c)

5.

해석_ A: Jill은 너무 많이 마셔서 어느 누구한테도 인사도 없이 가 버렸어

요.

B: 바보 같으니! 바보들이나 그런 멍청한 짓을 하는 건데.

해설_ pull a stunt는 '어리석은 짓을 하다' 라는 의미.

어휘_ draw it mild 온건하게 말하다 **figure out** 이해하다 **remove mountains** 기적을 행하다

정답_ (b)

Theme 15 Challenge

1.

해석_ A: 매우 피곤해 보이시네요. 짐 드는 걸 도와드릴까요?

B: 저한테 신경 쓰시지 않아도 되는데. 감사합니다.

해설_ go the extra mile은 '신경을 쓰다' 라는 의미.

어휘_ go a long way (효과 등이) 오래 가다 **be true to nature** 실감이 나다 **tie the knot** 인연을 맺다, 결혼하다

정답_ (b)

2.

해석_ A: 우리 소풍 가는 날 비온대.

B: 그래, 공교롭게 비가 온다네.

해설_ lovely weather for ducks를 직역하면 오리들이 좋아하는 날씨라는 뜻인데, '공교롭게 비가 오는 날' 이라는 의미로 쓰인다.

어휘_ rain cats and dogs 비가 억수로 쏟아지다

정답_ (b)

3.

해석_ A: 우리 위치를 확인할 수 있나요?

B: 물론 할 수 있습니다. 꼼짝 말고 계세요. 곧 도착합니다.

해설_ get a fix on은 '~의 위치를 확인하다' 라는 의미.

어휘_ sit tight 꼼짝 않고 있다 **get near** 다가오다 **take precaution against** 미리 ~을 주의하다

정답_ (d)

4.

해석_ A: 선거가 코앞인데? 어리석은 짓 하지 마. 만약 언론에서 이 일을 눈치 챈다면…

B: 제가 그곳으로 가서 처리하겠습니다.

해설_ get[have] wind of는 '~의 낌새를 채다, ~을 우연히 듣다' 라는 의미.

어휘_ take no notice of ~을 무시하다 **pass over** 간과하다

정답_ (a)

5.

해석_**A**: 이건 감정을 가라앉히는 데 도움이 될 거야. 한번 사용해 봐.

　　B: 고맙지만, 지금은 좋아졌어. 더 이상 필요 없어.

해설_**take the edge off**는 '감정을 가라앉히다, 기분을 풀어주다' 라는 의미.

어휘_**turn the air blue** 긴장하게 하다　**string oneself up** 정신차리다　**put ~ in order** ~을 정돈하다

정답_(c)

Theme 16 Challenge

1.

해석_**A**: 멋진 콘서트였어요! 정말 대단했어요. 초대해 주셔서 감사해요.

　　B: 와 주셔서 감사합니다. 그리고 리셉션에도 와 주시길 바랍니다.

해설_**take the cake**는 '상을 타다, 이기다, 뛰어나다' 등의 의미이다.

어휘_**give away** 거저 주다　**lift the curtain** 막을 올리다

정답_(c)

2.

해석_**A**: 네 선생님께 일찍 보내달라고 해도 소용없을 거야.

　　B: 방과 후에 여기 남아야겠어.

해설_**get nowhere**는 '효과가 없다' 라는 의미.

어휘_**hold down** ~을 종속시키다　**live high** 사치스럽게 지내다

정답_(a)

3.

해석_**A**: 우리 할아버지께서 어젯밤에 돌아가셨어. 난 하루 종일 울었지.

　　B: 네 동생도 아주 슬퍼했니?

해설_**take it hard**는 '몹시 괴로워하다, 슬퍼하다' 라는 의미.

어휘_**pass away** 죽다

정답_(a)

4.

해석_**A**: Lindsay는 그녀 주위의 모든 사람들을 불신하는 것 같고 다른 사람들이 하는 말을 믿지 않아요.

　　B: 그녀는 의심 많은 도마를 생각나게 하는군요. (그녀는 의심 많은 사람이군요.)

해설_**doubting Thomas**는 '의심을 잘하는 사람' 이라는 뜻의 관용구이다.

어휘_**distrust** 불신하다　**suspicious** 의심하는, 의심스러운

skeptical 회의적인

정답_(d)

5.

해석_**A**: Mike는 자기 목표만 추구하는 아주 탐욕스런 사람이야.

　　B: 그는 정말로 과욕을 버려야 해.

해설_'과욕을 버리다' 라는 뜻의 **rise above self**가 문맥에 맞다.

어휘_**pursue** 추구하다　**covetous** (남의 것을) 몹시 탐내는

grasping 붙잡는; 욕심 많은

정답_(d)

Theme 17 Challenge

1.

해석_**A**: 제가 제 식대를 지불해야 하나요, 아니면 회사에서 무료로 제공해 주나요?

　　B: 식사를 사서 드실 필요 없습니다. 저희 회사의 구내식당에서 무료로 식사하실 수 있습니다.

해설_**have the run of one's teeth**는 '(근로, 봉사의 대가로) 무료로 식사하다' 라는 의미.

어휘_**skip a meal** 식사를 거르다

정답_(a)

2.

해석_**A**: 제 보고서 좀 검토해 주시겠어요?

　　B: 글씨체가 엉망이군. 거의 알아보지 못하겠어. 좋은 점수를 받고 싶으면 글씨를 또박또박 써야 해.

해설_글씨체가 엉망이라고 했으므로 **write out fair**(정서하다)가 문맥에 맞다.

어휘_**handwriting** 필체, 필적　**cast a spell** 마법을 걸다

write off ~을 막힘없이 쓰다

정답_(c)

3.

해석_**A**: Paul이 동료들 앞에서 발표하는 도중에 말을 많이 더듬었어요.

　　B: 그 사람은 꽤 숫기가 없나 봐요.

해설_발표 도중에 말을 많이 더듬었다는 것으로 보아 **on the shy side**(숫기가 없는)가 알맞다.

어휘_**stutter** 말을 더듬다　**barefaced** 뻔뻔스러운(= brazen-faced)　**unashamed** 부끄러워하지 않는

정답_(c)

4.

해석_A: 예언자가 예언한 대로 그 왕은 죽었단다.

B: 그럼 그가 죽은 후에 그 왕의 나라에 무슨 일이 생겼어요, 엄마?

해설_give up the spirit은 '죽다' 라는 의미.

어휘_prophet 예언자 send away 추방하다 go for nothing 아무 소용도 없다

정답_(d)

5.

해석_A: 하루 종일 집에 있는 거 지루하지 않니? 영화 보러 가자.

B: 듣던 중 반가운 소리네. 나 정말 어딘가 외출하고 싶었거든.

해설_music to A's ears는 A의 귀에 음악처럼 들린다는 뜻에서 '듣던 중 반가운 소리' 라는 의미가 된다.

어휘_come to A's ears A의 귀에 들리다

perk up one's ears 귀를 바짝 기울이다

rasping sound 귀에 거슬리는 소리

정답_(b)

Theme 18 Challenge

1.

해석_A: 난 그와 말하는 것에 정말 질렸어.

B: 알아. 그는 정말 수다쟁이지.

해설_문맥상 '수다쟁이다' 라는 뜻의 have a big mouth가 적절하다.

어휘_eloquent 능변의, 웅변을 잘하는 say a mouthful 적절한 말을 하다

정답_(c)

2.

해석_A: 난 더 이상 그녀의 전화번호를 갖고 있지 않아. 우린 연락이 끊겼거든.

B: 그 전화번호 찾으면 나한테 전화해 줄래?

해설_lost touch는 '연락이 끊기다' 라는 뜻도 있고, '(유행에) 뒤떨어지다' 라는 뜻도 있다.

어휘_lose way 속력이 떨어지다 lose out 지다, 실패하다

정답_(b)

3.

해석_A: 왜 그렇게 침울한 얼굴을 하고 있니? 뭔 일 있어?

B: 그녀가 뻔뻔스럽게도 내 공연을 비난했어.

해설_have the nerve to-V는 '뻔뻔스럽게 ~하다' 라는 의미.

어휘_be reluctant to-V ~하는 것을 꺼려하다

정답_(c)

4.

해석_A: 정말로 맨체스터 유나이티드가 결승전을 이길 거라고 생각하세요?

B: 물론이죠. 그들은 성공할 가능성이 있어요.

해설_stand a chance of는 '~할 가망이 있다' 라는 의미. take a chance(위험을 무릅쓰다)와 헷갈리지 않도록 주의하자.

어휘_take a risk 위험을 무릅쓰다(= take a chance)

leave to chance 운에 맡기다

정답_(b)

5.

해석_그 노부인은 너무 다혈질이라 그녀와 말할 때면 나는 항상 꾹 참아야 한다.

해설_bite one's tongue은 '꾹 참다' 라는 의미. 입술을 깨물고 꾹 참는 것을 연상하면 되겠다.

어휘_a slip of the tongue 말실수

정답_(d)

Theme 19 Challenge

1.

해석_A: 꼬박 이틀 동안 잠을 자지 못했어요. 좋은 몸매를 유지하는 게 점점 힘들어져요.

B: 대답은 바로 코앞에 있어. 힘들어도 꾹 참아야 해.

해설_bite the bullet은 '고통을 견뎌내다' 라는 의미.

어휘_tear off (옷을) 급히 벗다; 신속히 처리하다 burst out 돌발하다 keep off 피하다

정답_(c)

2.

해석_A: 주식으로 돈을 벌기 위해 제가 필요한 건 현금뿐이죠?

B: 그 이상이 필요해요. 기본기를 배우는 데는 시간이 걸리죠.

해설_learn the ropes는 원래 '요령을 익히다' 라는 뜻이지만, '기본기를 배우다' 라는 의미로도 쓰인다.

어휘_deal out 분배하다 get a handle 조작하다, 해결하다

hold together 결합시키다

정답_(d)

3.

해석_ A: 파티 준비는 어떻게 되어 가?

B: 모든 게 미정이야. 집사람도 일을 어렵게 만들고 있고.

해설_ 문맥상 '미정의, 미해결의' 라는 뜻의 **up in the air**가 알맞다.

어휘_ be raised in the sky 죽다 **out of tune** 음조가 맞지 않는; 비협조적인 **under strain** 긴장하여

정답_ (b)

4.

해석_ A: 자네도 알다시피, 자네 상사가 일을 엉망으로 만들어 버렸어.

B: 어디서부터 시작해야 할지 모르겠군. 해결해야 할 게 너무 많아.

해설_ tie up loose ends는 '미결된 문제를 해결하다' 라는 의미.

어휘_ make a mess 망쳐놓다 **attach A on B** A를 B에 부착하다 **stick fast** 착 달라붙다 **join out** 가입하다

정답_ (b)

5.

해석_ A: 요즘 거리에 미니스커트와 킬힐을 신고 다니는 여성들이 많이 보여.

B: 그래, 그게 현재 대유행이야.

해설_ all the rage는 '대유행' 이라는 의미.

어휘_ moss-grown 구식인 **out of date** 구식인 **rose-colored** 장밋빛의, 낙관적인

정답_ (c)

Theme 20 Challenge

1.

해석_ A: Vincent Van Gogh의 작품들은 완전히 걸작들이야.

B: 그래. 그가 이 〈해바라기〉를 그리는 데 심혈을 기울였다고 들었어.

해설_ pour one's heart and soul into는 마음과 영혼을 쏟아 붓는다는 뜻에서 '~에 심혈을 기울이다' 라는 의미가 된다.

어휘_ masterpiece 걸작 **live high on the hog** 사치스럽게 살다 **spill out** 폭로하다 **go wild** 광란하다, 열광하다

정답_ (c)

2.

해석_ A: 정말 급한 이메일이 있는데, 내 컴퓨터가 고장이 났어.

B: 진정해. 내가 서비스 센터에 전화해 볼게.

해설_ '고장이 난' 이라는 뜻의 **on the blink**가 적절하다.

어휘_ out of display 보란 듯이 **on the whole** 전반적으로, 대체로

정답_ (d)

3.

해석_ A: 그 마감 기일을 맞추는 건 불가능해요.

B: 제시간에 못 끝냈다면 상사가 발끈할 텐데.

해설_ hit the roof[ceiling]은 '발끈하다, 격노하다' 라는 의미.

어휘_ bang into ~와 충돌하다; ~와 우연히 만나다 **knock over** 뒤집어엎다 **belt around** 돌아다니다

정답_ (c)

4.

해석_ A: 여기에서 공짜로 식사를 해도 되나요?

B: 물론입니다. 오늘이 저희 개점일이어서 모든 음식과 음료가 무료입니다.

해설_ on the house는 '가게/주최자 부담으로' 라는 뜻에서 '공짜로' 라는 의미가 된다.

어휘_ too steep 터무니없이 비싼 **exorbitantly dear** 턱없이 비싼 **stiff price** 비싼 가격

정답_ (b)

5.

해석_ A: 난 왜 Jane이 쓸모없는 비싼 물건들을 사들이는지 모르겠어.

B: 그녀는 잘난 체하는 데에서 만족감을 가지고 싶어 하는 것 같아.

해설_ put on the dog는 '잘난 체하다, 으스대다' 라는 의미.

어휘_ low on the hog 알뜰하게, 검소하게

정답_ (b)

Chapter 4 표현

Theme 21 Challenge

1.
해석_A: 저녁에 피자 먹자.
　　B: 찬성이야!
해설_I'll drink to that.은 '찬성이야. / 동감이야.' 라는 의미.
어휘_hang on 매달리다, 버티다
정답_(b)

2.
해석_A: Janice와 Joe가 6월에 결혼한다는 게 사실이야?
　　B: 아마도. 하지만 아직 확실하게 결정한 건 아니야. 그러니까 아무에게도 말하지 마.
해설_Don't tell a soul. 하면 '아무에게도 말하지 마.' 라는 의미. 여기서 **soul**은 '사람' 이라는 뜻이다.
정답_(b)

3.
해석_A: 내 말 이해했어요?
　　B: 네, 선생님. 무슨 말씀인지 알아요.
해설_make oneself clear는 상대방에게 '자기가 하는 말을 이해시키다' 라는 뜻의 관용구이다.
정답_(d)

4.
해석_A: 당신을 Vicky라고 불러도 되겠습니까?
　　B: 그렇게 하세요. 게다가 저는 사람들이 제 이름을 말해 줄 때가 더 좋답니다.
해설_ '좋을 대로 하세요.' 라는 말은 간단히 **Please do.** 하면 된다.
어휘_My pleasure. 별말씀을요.(→감사 인사에 대한 답변)
　　How goes it? 요즘 어때?
정답_(d)

5.
해석_A: 우리 언제 그 계약에 대해 이야기할 수 있어요?
　　B: 조금만 기다리세요. 며칠 내로 알려드릴게요.
해설_ 상대방에게 '알려주다' 는 **let you know**라고 하면 된다.
　　inform은 **inform you of ~** (너에게 ~을 알려주다)의 형식으로 쓰인다.

어휘_discard 버리다
정답_(a)

Theme 22 Challenge

1.
해석_A: 엄마, 오늘밤에 컴퓨터 게임 해도 돼요?
　　B: 또? 잘한다, 잘해. 시험공부는 언제 할 거니?
해설_ 놀기만 하려는 자식에 대한 반응으로 적절한 것은 **Nice going.**(잘한다, 잘해.)이다.
어휘_heavy going 진행하기 힘든 일 **easy-going** 느긋한
정답_(c)

2.
해석_A: Jane! 널 여기서 만나게 되다니!
　　B: Kathy, 웬일이니!
해설_Fancy meeting you here!(널 여기서 만나다니!)는 상대방을 뜻밖의 장소에서 만났을 때 쓰는 관용적인 말이다.
정답_(b)

3.
해석_A: 너한테 사과해야겠어. 어젯밤에 이 일에 대한 네 의견이 옳다는 생각이 들었거든.
　　B: 그럼 결국 생각이 바뀐 거야?
해설_It dawned on me that ~ 하면 '~라는 생각이 들었다' 라는 의미.
어휘_set about ~을 착수하다, 시작하다
정답_(c)

4.
해석_A: 등록금을 내려면 일을 해야 하는데, 일을 하면 공부할 시간이 없어.
　　B: 해도 안 좋고, 안 해도 안 좋아 보이는구나.
해설_damned if you do, damned if you don't는 '해도 안 좋고, 안 해도 안 좋다' 라는 의미.
어휘_tuition 수업료, 등록금
정답_(c)

5.
해석_A: 어떻게 해서 Ralph 같은 도시 소년과 Nancy 같은 시골 소녀가 서로 사랑에 빠질 수 있지?

B: 글쎄, 그런 말이 있잖아. 극과 극은 통한다고.

해설_Opposites attract.는 '극과 극은 통한다.' 라는 의미.

어휘_fall for ~에게 반하다, ~를 사랑하게 되다

정답_(a)

Mini Test 2

1.

해석_A: 그 새로 생긴 멕시칸 레스토랑은 정말 별 거 없어.

B: 알려줘서 고마워. 토요일 밤에 거기에 갈 생각이었는데.

해설_nothing to write home about은 '별로 새로울 것이 없는 것, 특별히 내세울 게 없는 것' 이라는 뜻의 관용구이다.

어휘_Thanks for the warning. 알려줘서 고마워. utter 말하다

정답_(d)

2.

해석_A: 왜 너는 Kurt가 Judy에게 관심이 있다고 말했니?

B: 왜냐하면 나는 Kurt의 마음을 꿰뚫어 볼 수 있기 때문이야.

해설_read A like a book[an open book]은 A의 마음을 책처럼 읽을 수가 있다는 뜻에서 'A의 마음을 꿰뚫어 보다' 라는 의미로 쓰인다.

정답_(a)

3.

해석_A: 당신 새 차 어때요?

B: 아주 싼 것이었어요. 아무런 조건 없이 10% 할인을 해주었으니까요.

해설_with no strings attached는 '아무런 조건 없이' 라는 의미.

어휘_bear out ~을 입증하다

정답_(d)

4.

해석_A: 듣자하니 너 어젯밤에 Jane에게 청혼했다며.

B: 사실대로 말하면, 술에 취해서 순간적인 충동으로 청혼한 거야. 지금은 좀 후회하고 있어.

해설_on the spur of the moment는 '순간적인 충동으로' 라는 뜻이다.

어휘_at the last moment 마지막 순간에

to the very moment 어김없이, 정각에

for a fleeting moment 아주 잠깐 동안

정답_(b)

5.

해석_A: 새로운 동료가 생길 거라는 소문이 들려.

B: 정말? 그 일에 대해선 어떤 것도 들은 게 없는데.

해설_hear ~ through the grapevine은 '~을 소문으로 듣다' 라는 의미.

어휘_ co-worker 동료

정답_ (b)

6.

해석_ A: 요즘 사업 잘 돼요?

B: 곧 새로운 주문을 받지 못한다면 궁지에 빠질 거예요.

해설_ be up the creek (without a paddle)하면 '곤경에 처하다' 라는 의미.

정답_ (c)

7.

해석_ A: 산책하러 가지 않을래?

B: 날 속일 생각 하지 마. 넌 내가 쇼핑하길 바라는 거잖아. 그렇지?

해설_ pull the wool over A's eyes는 A의 눈에 양모를 덮어씌운다는 뜻에서 'A의 눈을 속이다' 라는 의미로 쓰인다.

정답_ (d)

8.

해석_ A: 그녀는 거의 돌아가실 지경이에요.

B: 알아요. 의사가 그녀의 수명이 거의 다했다고 하더군요.

해설_ A's days are numbered는 'A의 수명이 다하다' 라는 의미. A의 수명이 날짜를 셀 수 있을 정도로만 남아 있다는 뜻이다.

정답_ (d)

9.

해석_ A: 메이시 백화점에 쇼핑하러 갈래?

B: 넌 벌써 지난주에 그 이브닝 드레스 사느라 돈 썼잖아. 돈 좀 그만 낭비해.

해설_ 문맥상 down the drain(낭비되어)이 알맞다. pour down the drain 해도 '돈을 물 쓰듯 하다' 라는 의미.

어휘_ down and out 빈털터리가 되어 down with it 이해하다
down through ~동안 줄곧, 내내

정답_ (c)

10.

해석_ A: Brenda와 Jim이 결혼식 직전에 헤어졌어. 내 생각엔 Jim이 겁먹은 것 같아.

B: 그가 너무 예민해져서 결혼식을 치르지 못했다는 거니?

해설_ get cold feet는 무서워서 발이 얼어붙었다는 뜻에서 '겁먹다, 용기를 잃다' 라는 의미로 쓰인다.

어휘_ go through with ~을 끝까지 해내다

blow hot and cold 이랬다저랬다 하다

have a thing cold 완벽하게 알다

leave A cold A에게 아무런 인상[흥미]도 주지 못하다

정답_ (a)

11.

해석_ 나는 그에게 자신을 너무 몰아세우지 말라고 조언했다. 그에게 당장 그것을 고치라고 강요하는 사람은 아무도 없기 때문이다.

해설_ twist A's arm은 'A의 팔을 비틀다' 또는 'A에게 강요하다' 라는 의미.

어휘_ harsh 가혹한 wind A's way A의 환심을 얻다
press on one's way 갈 길을 재촉하다

정답_ (d)

12.

해석_ 그는 시험을 모조리 망쳐버려서 기분이 좀 우울했다.

해설_ down in the dumps는 '풀이 죽은, 울적한' 이라는 의미.

어휘_ goof up ~을 망치다 pain in the neck 골칫거리
paper tiger 종이호랑이, 허장성세
lame in a leg 한쪽 다리를 저는

정답_ (d)

13.

해석_ 나고야 의정서의 목표는 너무 평범해서 오염을 억제하는 일을 진척시킬 수가 없다.

해설_ make a dent in은 '약간의 진전을 보이다, 일을 조금 진척시키다' 라는 의미.

어휘_ curb 억제하다 brink 가장자리 make a right 우회전하다

정답_ (a)

14.

해석_ 바위 틈새에서 물이 얼 때의 팽창 작용은 바위를 쪼개고, 그것들을 자갈로 분쇄하는 것을 도와준다.

해설_ 큰 바위를 분쇄하면 gravel(자갈)이 된다고 해야 문맥이 맞다.

어휘_ expansive 팽창력 있는, 광대한 crevice (좁고 길게) 갈라진 틈 split 쪼개다, 분열시키다 asunder 두 동강으로, 조각조각으로 pulverize 가루로 만들다, 분쇄하다 boulder 큰 알돌 fertilizer 비료

정답_ (a)

15.

해석_ 에스키모의 사고방식을 배우는 게 지나치게 느려지는 않았지만, 정

말로 더 많이 배우면 배울수록 더 많이 매력을 느끼게 되었다.

해설 but 이후의 문맥으로 보아서 앞에는 '지나치게' 라는 뜻의 inordinately가 들어가는 게 적절하다.

어휘 impassively 무감각하게 gratuitously 불필요하게

정답 (b)

Chapter 5 2어 동사

Theme 23 Challenge

1.

해석 A: 당신 또한 김 씨가 자살했다고 보시나요, 홈즈 박사님?
B: 그렇지 않습니다. 나는 그가 살해당했다고 확신합니다. 그 이유를 설명하죠.

해설 bump off는 '~을 죽이다, 살해하다' 라는 의미.

어휘 cook up ~을 만들어내다, 날조하다 dash off ~을 빨리 하다 egg on 격려하다

정답 (c)

2.

해석 A: 우린 최종 결정을 내리기 전에 좀 더 시간이 필요하다고 생각해요.
B: 물론이죠. 그 제안을 받아들일지 말지를 곰곰이 생각해봐야 하죠.

해설 mull over는 '~을 곰곰이 생각하다' 라는 의미.

어휘 keel over 전복하다 eat into 먹어들어 가다; 소비하다 hang back 주저하다

정답 (d)

3.

해석 A: 난 정말로 Peter를 좋아해. 하지만 그의 주의를 끄는 방법을 모르겠어.
B: 만약 그와 어떻게 할 기회를 가지고 싶다면 넌 정말로 멋을 부릴 필요가 있어.

해설 spruce oneself up은 '멋을 부리다, 말쑥하게 차려 입다' 라는 의미.

어휘 snooze (특히 낮에) 잠깐 자다

정답 (c)

4.

해석 A: 이 집을 수리하고 부엌은 대리석 조리대로 꾸미고 싶어.
B: 그건 돈이 많이 들 거야.

해설 gussy up은 '~을 꾸미다, 멋내다' 라는 의미.

어휘 renovate 수선하다, 수리하다 marble 대리석 counter top 주방용 조리대 cost an arm and a leg 돈이 많이 들다 stir up ~을 휘젓다; ~을 선동하다 work up ~을 자극하다 act up 못된 짓을 하다

정답 (b)

5.

해석_A: 조례에 참석하기 정말 싫어.

　　　　B: 나도. 오늘 아침엔 너무 지루해서 교장선생님이 연설하는 동안

　　　　　거의 듣지 않았어.

해설_switch off는 '흥미를 잃다, 이야기를 거의 듣지 않게 되다' 라

　　　는 의미.

어휘_morning assembly 조례 **be bored stiff** 지루해 죽을

　　　지경이다 **reel off** 술술 이야기하다

정답_(d)

Theme 24 Challenge

1.

해석_A: 이번이 너의 마지막 기회일지도 몰라. 망치지 마.

　　　　B: 알았어. 또 망치진 않을 거야.

해설_mess up은 '~을 망치다' 라는 의미.

어휘_mass 덩어리; 미사 의식

정답_(d)

2.

해석_A: 이곳이 당신을 초조하게 만드는 거 압니다만, 얘기를 해야 한다

　　　　면 제가 있겠습니다.

　　　　B: 고마워요. 지금은 훨씬 편안해요.

해설_ 여기서 **wear on**은 초조하게 만들다' 라는 의미.

정답_(b)

3.

해석_ 경찰이 허공에 총을 쏘자, 시위자들은 겁을 먹고 건물 구석으로 모

　　　여들었다.

해설_huddle up은 '급히 떼지어 모이다' 라는 의미.

어휘_massacre 대량 학살; 학살하다 **surrender** 항복하다

정답_(b)

4.

해석_A: 우리의 전 미래를 자세히 계획 세우기 전에 첫 데이트라도 해 봐

　　　　야 하는 거 아냐?

　　　　B: 그 말은 네가 날 얼마나 모르는지 보여주는군.

해설_map out은 '자세히 계획을 세우다' 라는 의미.

어휘_It goes to show~ ~임을 증명하다 **mete out** 배당하다

　　　pay attention to ~에 주의를 기울이다

정답_(a)

5.

해석_A: 너무 더워.

　　　　B: 응, 그런데 왜 그는 이런 무더운 날에 옷을 껴입었지?

해설_but이 있기 때문에 더운 날씨와 논리적으로 상반되는 말이 와야

　　　한다. 따라서 '옷을 껴입다' 라는 뜻의 **wrap up**이 알맞다.

어휘_muggy 후덥지근한 **hook up** (기기를 전원 등에) 연결하다

　　　patch up 일시적으로 수습하다 **bottle up** ~을 봉쇄하다

정답_(c)

Theme 25 Challenge

1.

해석_A: 시간은 충분해. 난 기다릴 수 있어.

　　　　B: 봐, 네가 기다린다면 상황은 더 악화될 거야. 일을 진행시켜야

　　　　해.

해설_come forward는 '(일을) 진행시키다, 진척시키다' 라는 의미.

어휘_take one's time 천천히 하다, 서두르지 않다

　　　keep composure 평정을 유지하다 **put off** 미루다, 연기

　　　하다

정답_(c)

2.

해석_A: Alex는 내가 영리하다고 생각해.

　　　　B: 걔는 항상 예쁜 여자들한테는 좋은 말을 해. 너한테 아부하는

　　　　거야.

해설_butter up은 '아부하다, 아첨하다' 라는 의미.

어휘_bring down 떨어뜨리다 **deliver over** 넘겨주다

　　　inflict (벌 등을) 주다, 과하다

정답_(d)

3.

해석_A: 내가 이 상황의 급박함을 이해시키지 못하고 있는 것 같군요.

　　　　B: 오, 아니에요, 당신은 몹시 급박하겠지만, 난 남아서 적과 싸울

　　　　거예요.

해설_get across는 '~을 건너다; 이해시키다' 등의 뜻을 갖고 있다.

어휘_dire 긴박한 **get ahead** 출세하다, 성공하다

　　　get done with ~을 끝내다

정답_(a)

4.

해석_A: 그는 소설 읽는 걸 좋아해?

B: 그는 항상 역사책만 읽어. 역사책에 빠져 있는 것 같아.

해설_ eat up은 '~에 열중하게 하다, 몰두하게 하다' 라는 의미.

어휘_ have after 뒤를 따르다 keep up with ~에 뒤떨어지지 않다

정답_ (b)

5.

해석_ A: 그가 한 말은 이치에 맞지 않아.

B: 나도 그렇게 생각해. 그의 이야기는 말이 안 돼.

해설_ add up은 '이치에 맞다, 말이 앞뒤가 맞다' 라는 의미.

어휘_ rally round 도우러 달려오다 unite with ~와 결합하다

blend in ~와 조화되다

정답_ (d)

Theme 26 Challenge

1.

해석_ A: 엄마가 성적표에 대해 물어보셨을 때, 난 거짓말을 했어.

B: 조심해. 엄마가 아신다면 네 마음이 무거워질 테니.

해설_ weigh down on은 '~의 마음을 짓누르다' 라는 의미.

어휘_ report card 성적표 down and out 빈털터리가 되어

come down on ~의 편을 들다 get down to ~에 본격적

으로 대들다

정답_ (a)

2.

해석_ A: Jack을 봬! 저 멋진 새 제품들을 하고 있으니 정말 멋진걸.

B: 그 사람은 우리 회사에서 항상 최신 유행에 뒤처지지 않는 가장

멋진 사람인 것 같아.

해설_ 유행이나 시대에 '뒤처지지 않는다' 고 할 때는 keep up with

를 쓴다.

어휘_ put up with ~을 참다 come up with ~이 생각나다, 떠오

르다 catch up with ~을 따라잡다

정답_ (d)

3.

해석_ A: 그녀의 잘못이 아냐. 그녀를 탓하지 마.

B: 그렇다고 해도 그녀를 옹호할 필요는 없어.

해설_ stick up for는 '~를 변호하다, 옹호하다' 라는 의미.

어휘_ tie the knot 결혼하다 stick to ~을 고수하다

leave aside ~을 고려하지 않다

정답_ (d)

4.

해설_ A: 왜 병원에 갔어요?

B: 독감에 걸렸거든요.

해설_ 전염병이나 감기에 '걸리다' 는 come down with를 사용해

서 표현한다.

어휘_ the flu 독감

정답_ (a)

5.

해석_ A: 요즘 어때?

B: 지금까지는 좋아. 하지만 다른 학생들하고 잘 어울려 지내는 일

이 생각했던 것보다 훨씬 어려워.

해설_ fit in with는 '~와 잘 어울려 지내다' 라는 의미.

어휘_ end up with ~와 끝까지 함께하다 come out with ~을 세

상에 내놓다 come down with ~의 병에 걸리다

정답_ (b)

Theme 27 Challenge

1.

해석_ A: 왜 그렇게 기묘한 디자인이 요즘 인기를 끄는지 이해가 안 돼요.

B: 나도요. 어쨌든 이러한 디자인이 젊은이들 사이에 유행하고 있

는 것은 확실해요.

해설_ catch on은 '유행하다' 라는 의미.

어휘_ peculiar 기묘한, 독특한 act up 못된 짓을 하다 bring on

(전쟁, 질병 등을) 초래하다, 야기하다 muck up ~을 망치다,

망가뜨리다

정답_ (d)

2.

해석_ A: 어젯밤에 156점의 보석을 도둑맞았어요.

B: 우리 상점의 보안을 강화해야겠어요.

해설_ step up은 '~을 강화하다' 라는 의미.

어휘_ clear up (날씨가) 개다; (오해 등을) 풀다 set up 설치하다

정답_ (d)

3.

해석_ A: Mrs. Han이 거액의 공금을 횡령한 것으로 밝혀졌어요.

B: 네. 그녀는 의장직을 사임하고 대리인들에게 모든 파일을 넘길

거예요.

해설_ hand over는 '~을 넘기다, 이양하다' 라는 의미.

어휘_ embezzle 횡령하다 **public fund** 공금 **resign** 사임하다 **deputy** 대리인

정답_ (c)

4.

해석_ **A:** 난 그들이 오늘 강의에서 무슨 말을 하려고 했는지 이해할 수가 없었어.

B: 배운 걸 복습하는 게 좋을 것 같다.

해설_ brush up on은 '~을 복습하다, 다시 공부하다' 라는 의미.

어휘_ preview 예습하다 **address** 강연하다

정답_ (b)

5.

해석_ **A:** 난 아침 일찍 비행기로 와서 몹시 피곤해요.

B: 그러면 시차로 인한 피로를 푹 푸세요. 난 기다릴 수 있어요.

해설_ sleep off는 피로나 숙취 등을 '잠을 자서 떨쳐 버리다' 라는 의미.

어휘_ take off 이륙하다; 옷을 벗다 **cut off** 잘라내다

정답_ (a)

Theme 28 Challenge

1.

해석_ **A:** 저도 만나서 반갑습니다. 당신과 잘 지내고 싶어요.

B: 저도요.

해설_ get along with는 '~와 사이좋게 지내다' 라는 의미.

정답_ (c)

2.

해석_ **A:** 죄송하지만, 여기를 지나가도 될까요?

B: 오, 죄송해요. 제가 가로막고 있는 줄은 몰랐어요.

해설_ cut through는 '~ 사이로 길을 지나가다' 라는 의미.

어휘_ fall through 실패하다 **get through** 연결하다 **put through** (전화 등을) 연결하다

정답_ (a)

3.

해석_ **A:** 와, 이 총 좀 봐! 분해해보고 싶은데요.

B: 손잡이에 버튼이 하나 있어요. 그걸 누르세요. 탄창이 빠질 거예요.

해설_ take apart는 '분해하다, 분석하다' 라는 의미.

어휘_ grip 손잡이 **magazine** 탄창 **catch away** ~을 날치기하

다 **carry over** ~을 이월하다, 미루다 **take hold on** ~을 잡다, 조정하다

정답_ (b)

4.

해석_ **A:** Miranda, 우리가 그 이야기를 할 때, 내가 말을 더듬는 부분은 좀 빼줄래?

B: 약속할게. 나도 네가 창피당하는 거 싫거든.

해설_ leave out은 '~을 제외하다, 생략하다' 라는 의미.

어휘_ pull out of ~에서 벗어나다 **resign from** ~에서 사퇴하다 **chuck over** 갑자기 관계를 끊다

정답_ (d)

5.

해석_ **A:** Susan은 무례하고 거만한 것 같아, 안 그래?

B: 난 그녀를 만나자마자 그녀가 그런 사람이란 걸 알았어.

해설_ figure out은 '~을 알아채다, 눈치를 채다' 라는 의미. seek out은 '~을 색출하다, 찾아내다' 라는 뜻이므로 이 상황에 적절하지 않다.

어휘_ arrogant 거만한 **uncover** 폭로하다

정답_ (d)

Theme 29 Challenge

1.

해석_ **A:** 내 여동생이 나한테 물어보지도 않고 내 새 신발을 신었어. 벌써 세 번째야.

B: 아주 화가 났겠구나. 아직 신발을 길들이지도 않았잖아.

해설_ 새 신발이므로 길들이지 않았다는 내용이 자연스럽다. 신발 등을 '길들이다' 라고 할 땐 break in을 쓴다.

어휘_ step in 참견하다 **cut in** 참견하다

정답_ (b)

2.

해석_ **A:** Frank는 아주 웃긴 남자였어.

B: 알아. 그는 내가 풀이 죽어 있을 때마다 항상 내 마음을 가볍게 해줬어.

해설_ lighten up은 '~의 마음을 가볍게 만들어 주다' 라는 의미.

어휘_ hold up 길을 막다; 노상강도질을 하다 **hook on** (갈고리로) ~을 고정시키다 **run A down** A의 명예를 실추시키다

정답_ (c)

3.

해석_**A:** 그래서, 당신의 최종 의견은 무엇인가요?

B: 지금 당장은 결정을 못 내리겠어요. 먼저 부모님과 심사숙고 해봐야겠어요.

해설_**chew over**는 곱씹어 보듯이 '~을 심사숙고하다' 라는 의미.

어휘_**grind down** ~을 빻다 **force down** ~을 억누르다 **polish up** ~을 연마하다, 윤내다

정답_(d)

4.

해석_이 짐은 너무 무거워서 여기서 들고 다닐 수가 없다.

해설_**lug around**는 '들고 다니다' 라는 의미.

어휘_**tag** 꼬리표; 꼬리표를 달다 **sag** 휘다; 처지다; (물가 등이) 떨어지다 **mug** 머그잔; (강도가) 습격하다

정답_(a)

5.

해석_경작된 농작물과 목초지들은 전 세계 토지의 1/3 이하를 차지한다.

해설_**take up**은 시간이나 공간 등을 '차지하다' 라는 의미.

어휘_**cultivated** 경작된 **grazing** 목초지 **work up** ~을 만들어 내다 **border up** 경계를 긋다 **wind up** ~을 감아올리다

정답_(b)

Theme 30 Challenge

1.

해석_**A:** 이 책은 쓰레기야. 읽으면서 정말 지루했어.

B: 그럼 왜 계속 읽었니?

해설_'정말 지루하다' 라는 표현은 **be bored off**를 쓴다.

어휘_**rubbish** 쓰레기

정답_(c)

2.

해석_**A:** John이 꽤 멋지다고 생각하지 않니?

B: 완벽한 남자이긴 한데 이미 임자가 있어.

해설_**be spoken for**는 '임자가 있다' 라는 의미.

어휘_**call out** 큰소리로 외치다 **take back** 도로 찾다; 철회하다 **hold in** 자제하다, 삼가다

정답_(c)

3.

해석_**A:** 이 기차 어디로 가지요?

B: 이 기차는 부산행입니다.

해설_**be headed for**는 '~으로 향하다, ~ 행이다' 라는 의미.

어휘_**be pressed for** (돈, 시간 등에) 쫓기다, 쪼들리다

정답_(a)

4.

해석_**A:** 왜 그들에게 내 책이 출판되는 중이라고 말했니?

B: 다 준비됐다고 네가 그랬잖아.

해설_**be lined up**은 '준비가 되다' 라는 의미.

어휘_**ring up** 벨을 울려서 깨우다 **hang up** 방해하다, 지체시키다 **stay up** 자지 않고 일어나 있다

정답_(b)

5.

해석_**A:** 어쨌든, 전 지금 제 감정이 어떤 상태인지도 잘 모르겠거든요.

B: 모든 게 다 혼란스럽다는 건가요?

해설_**be jumbled up**은 '뒤범벅이 되다' 라는 의미.

어휘_**shuffle** 발을 질질 끌며 걷다; 얼버무리다 **scrape** 문지르다; 긁어내다 **graze** 방목하다

정답_(b)

Chapter 6 내용 혼동어

Theme 31 Challenge

1.

해석_ A: 저 냄새 뭐지? 역해!

B: 식탁에 있는 저 치즈야. 하루 종일 지독한 냄새를 풍겼어.

해설_ 냄새나 소리 등을 '내뿜다' 는 emit이다.

어휘_ shed (피, 눈물 등을) 흘리다 radiate (빛, 열 등을) 방출하다
release 석방하다

정답_ (c)

2.

해석_ A: 어제 내가 빌린 영화에 문제가 있는 것 같아요.

B: 죄송합니다, 손님. 무슨 문제가 있나요?

해설_ 사용료나 임대료 등과 같이 돈을 지불하고 빌리는 것은 rent이다.

어휘_ owe 빚지다

정답_ (b)

3.

해석_ 내 룸메이트는 공과금을 나누자는 내 제안을 받아들였다. 그런데
그는 자신의 몫을 지불하려고 하지 않는다.

해설_ 서로 협의해서 분할한 몫에는 share를 쓴다. lot은 추첨이나 제
비로 할당된 몫이고, quota는 투자나 수익의 지분을 의미한다.

어휘_ utility bills 공과금 allot 분배하다, 할당하다

정답_ (a)

4.

해석_ 환자들에게는 많은 양의 술과 음식을 동시에 먹는 것이 해롭다.

해설_ consume은 시간이나 돈을 '소비하다' 라는 뜻도 되고, 술이나
음식물을 소비하다, 즉 '먹다, 마시다' 라는 뜻도 된다.

어휘_ daunt 위압하다, 기세를 꺾다 deplete 고갈시키다

정답_ (d)

5.

해석_ 세관 공무원에 따르면, 그 여배우는 10만 달러의 수입 다이아몬드
를 (세관에서) 신고했다.

해설_ worth of는 '~의 가치가 있는' 이라는 의미.

어휘_ declare (세관에서) 신고하다

정답_ (b)

Chapter 7 형태 혼동어

Theme 32 Challenge

1.

해석_ 그들은 나를 다른 사무실로 이전시킬 것이다.

해설_ 다른 곳으로 '전임시키다' 라고 할 때는 transfer를 쓴다.

어휘_ transmit 전달하다, 송신하다 transport 수송하다
transform 변형시키다

정답_ (b)

2.

해석_ 수많은 독립심이 강한 대학 졸업생들은 대기업에 채용되는 것보다
자영업을 하고 싶어 한다.

해설_ hired by a big company와 대비되는 단어는
self-employed(자영업의)이다.

어휘_ self-exiled 스스로 망명한 self-centered 자기중심의, 이
기적인 self-conceited 자부심이 강한

정답_ (c)

3.

해석_ 교사들은 젊은이들의 마음속에 사회적 책임감을 심어주려고 노력
한다.

해설_ '마음속에 심어주다' 라는 뜻의 inculcate가 들어가야 한다.

어휘_ incinerate 태우다, 소각하다 inculpate 죄를 씌우다
incubate 부화하다, 배양하다

정답_ (d)

4.

해석_ 준우승자는 축하파티에서 실망감을 감추려고 애를 쓰고 있었다.

해설_ '실망감을 감춘다' 고 해야 문맥이 자연스러우므로 dissemble
(감추다)이 들어가야 한다.

어휘_ runner-up 준우승자, 차점자 disassemble 분해하다
dissemble (씨를) 뿌리다, (주장을) 퍼뜨리다 dissipate 흩
뜨리다

정답_ (a)

5.

해석_ 오바마 대통령은 민족 간의 증오, 극단주의, 나치주의의 외국인 혐
오 등이 어떻게 잔혹함과 유혈사태를 야기하는지 설명했다.

해설_ 문맥상 cruelty와 비슷한 의미를 가진 단어가 와야 하므로
bloodshed(유혈)가 적절하다.

bloodline 혈통 bloodstain 핏자국 bloodstock 순혈

종의 경마말

정답_(b)

Chapter 8 다의어

Theme 33 Challenge

1.

해석_A: Duo와 같은 컴팩트 카는 대개 더 좋은 연비를 제공하지.

B: 게다가 멋져 보이기도 하고.

해설_여기서 **mileage**는 '연비' 라는 의미이다.

어휘_**charming** 매력적인 **conduct** 행실, 품행

정답_(a)

2.

해석_A: 이 문제는 내가 풀기에 너무 어려워.

B: 네가 책을 제대로 공부했다면 쉬운 거야.

해설_여기서 **breeze**는 '쉬운 일' 이라는 의미이다.

어휘_**miscellany** 잡다한 것 **fake** 가짜 **whim** 변덕

정답_(c)

3.

해석_A: 어젯밤에 TV에서 〈마스크〉라는 영화 봤니?

B: Jim Carry가 주연으로 나오는 영화 말이니?

해설_**feature**는 동사로 '~를 주연시키다' 라는 뜻이 있다. 따라서 **featuring**~ 하면 '~가 주연으로 나오는' 이라는 의미가 된다. 다른 말로 **starring**이라고 할 수도 있다.

정답_(d)

4.

해석_A: 내 고장난 컴퓨터를 어떻게 해야 할까?

B: 컴퓨터에 관해서라면 Joe에게 가서 물어 봐. 개는 컴퓨터를 정말 잘 다루거든.

해설_**handy**에는 '손재주가 있는' 이라는 뜻이 있다. **be handy with**(~을 다루는 솜씨가 좋다)로 외워두자.

어휘_**when it comes to**~ ~에 관해서라면 **cozy** 아늑한 **flimsy** 얇은 **clumsy** 서투른

정답_(c)

5.

해석_간단히 말하면, 그녀는 복잡한 수학 문제를 푸는 데 어려움을 겪었다.

해설_문맥상 '복잡한' 이라는 뜻을 가지고 있는 **sophisticated**가 적절하다.

어휘_**have difficulty in -ing** ~하는 데 어려움을 겪다

정답_(b)

Theme 34 Challenge

1.

해석_ 국회는 구식인데다 부적절해 보이는 수십 개의 복잡한 법들을 간단하게 만들기 위해 위원회를 구성했다.

해설_ simplify와 문맥상 어울리는 단어는 **byzantine**이다. 여기서 **byzantine**은 '복잡한' 이라는 의미.

어휘_ **simplify** 간단하게 하다 **feckless** 무관심한 **empirical** 경험적인 **slovenly** 게으른

정답_ (c)

2.

해석_ 이 논평은 식물의 광합성에 대해 간단히 설명해 줄 것이다.

해설_ **account**에는 '묘사, 설명' 이란 뜻이 있다. **explain**은 '설명하다' 라는 동사이고, 명사형은 **explanation**이다.

어휘_ **photosynthesis** 광합성 **experiment** (과학상의) 실험; (실제로 해보는) 시험, 시도

정답_ (a)

3.

해석_ 그 약이 당신에게 많은 효험이 있었나요?

해설_ 여기서 **act**는 '(약이) 효험이 있다' 라는 뜻이다.

어휘_ **officiate** 직무를 행하다

정답_ (b)

4.

해석_ 우리는 주 고객들의 요구에 부합하기 위해 마케팅 전략을 수정해야 합니다.

해설_ 여기서 **address**는 '부합하다' 라는 뜻이다.

어휘_ **uptren** (시세 등의) 상승 경향 **abode** 거주, 주소 **bolster** (베개 밑에 까는 기다란) 덧베개; (환자를) 덧베개로 받쳐주다; 기운을 북돋다

정답_ (d)

5.

해석_ 열대 국가에서는 보통 우기가 지나고 난 후에 말라리아의 발병률이 높다.

해설_ '발병률, 빈도' 라는 의미를 가진 **incidence**가 문맥에 맞다.

어휘_ **insight** 통찰, 간파 **incident** 사건, 일 **insect** 곤충

정답_ (b)

Mini Test 3

1.

해석_ A: 그 애가 또 오줌을 쌌어.

B: 뭐? 아직도 나이 값을 못하다니. 무슨 해결책이 없을까?

해설_ **wet(wet-wet-wet)**은 동사로 '적시다' 라는 뜻을 가진다. **wet one's bed**는 '자다가 오줌을 싸다' 라는 의미.

어휘_ **act one's age** 나이값을 하다 **spit** 침을 뱉다 **moisten** 축축하게 하다 **spill** 엎지르다

정답_ (c)

2.

해석_ A: 이것이 제 마지막 제안입니다. 잘 생각해 보시고 당신의 결정을 알려주세요.

B: 생각할 시간을 좀 주세요.

해설_ **sleep on it**은 '그것을 곰곰이 생각하다' 라는 뜻이다.

어휘_ **take a napping** 방심한 틈을 타다 **drowse away** 졸면서 시간을 보내다 **rest a case** 변론을 마치다

정답_ (b)

3.

해석_ A: 더 이상 화제를 바꾸고 싶지 않습니다.

B: 그러니까 그 모든 것이 요컨대 뭔가요? 단도직입적으로 말해 보세요.

해설_ **boil down to**는 '요컨대 ~이다' 라는 의미.

어휘_ **come straight to the point** 단도직입적으로 말하다 **come apart** 흩어지다 **show up** ~을 눈에 띄게 하다 **point out** ~을 지적하다

정답_ (c)

4.

해석_ A: Jennifer가 내가 못생기고 가난하다면서 나를 놀렸어요.

B: 그녀는 때때로 너무 거만해. 그만 했으면 좋겠는데.

해설_ '점잔빼는, 거드름 피우는, 거만한' 의 의미를 가진 **stuck up**이 문맥에 맞다.

어휘_ **high up** 지위가 높은 **pack up** 짐을 꾸리다 **put up** 달다, 올리다

정답_ (b)

5.

해석_ A: 너 요즘 왜 그렇게 많이 공부하니?

B: 아빠에게 공부 열심히 하겠다고 약속드렸거든.

해설_ 무엇인가를 '하겠다는 약속'은 **promise**이고, '만날 약속'은 **appointment**이다. **reservation**은 방이나 좌석 등의 '예약'이라는 뜻이다.

정답_ (a)

6.

해석_ **A:** 누가 그것을 가질지 제비를 뽑아 결정하자.
　　B: 좋아. 난 괜찮아.

해설_ **draw lots**는 '제비를 뽑아 결정하다'라는 뜻의 관용구.

정답_ (d)

7.

해석_ **A:** 무슨 일로 오셨나요?
　　B: 그냥 지나가다가 들렀어요.

해설_ **pass through**는 '지나가다, 관통하다'라는 의미.

어휘_ **go over** ~을 검토하다　**dwell on** ~을 숙고하다　**dash off** 일을 빨리 처리하다

정답_ (a)

8.

해석_ **A:** 당신이 그 유명한 영화배우 Jim Carrey군요. 사인 좀 받을 수 있을까요?
　　B: 그럼요. 어디다 해 드릴까요?

해설_ '유명인의 사인'은 **autograph**라고 한다. **signature**는 '(편지나 서류 등에 하는) 서명'을 뜻한다.

어휘_ **sign** 신호하다, 서명하다

정답_ (b)

9.

해석_ **A:** 난 은퇴할까 생각하고 있어.
　　B: 내 생각엔 넌 큰 실수를 하게 되는 거야. 하지만 네가 선택할 일이지 뭐.

해설_ **toy with the idea of**는 '~할까 생각하다'라는 의미.

정답_ (c)

10.

해석_ **A:** 홍학은 부리를 사용해서 먹이를 찾아다녀.
　　B: 맞아. 그 새는 부리를 사용해서 얕은 연못에서 찾아낸 작은 식물이나 동물로부터 진흙과 물을 걸러내.

해설_ **bill**에 '부리'의 의미가 있다는 것을 알아두자.

어휘_ **flamingo** 홍학　**forage** 먹이를 찾아다니다　**filter** 걸러내다　**bully** 골목대장　**bury** 묻다　**blossom** 꽃이 피다

정답_ (a)

11.

해석_ 외국에서 온 학생들이 우리 대학교 재학생의 상당 부분을 차지한다.

해설_ 여기서 **account for**는 '(~의 비율을) 차지하다'라는 의미. **occupy**는 장소를 차지한다고 할 때 쓰이며 뒤에 **for**도 필요 없다.

어휘_ **make room** 장소를 내주다, 자리를 양보하다　**aggregate** 모으다

정답_ (d)

12.

해석_ 그는 아주 열심히 연구했지만, 그 의심스러운 사건의 진상을 규명하는 데 실패했다.

해설_ 문맥상 '의심스러운'이라는 뜻의 **suspicious**가 알맞다. **skeptical**은 사람의 태도가 '회의적인, 의심 많은'이라는 의미이다.

어휘_ **impatient** 참을 수 없는　**persistent** 고집하는, 완고한

정답_ (d)

13.

해석_ 그 사장은 종업원들에게 마지막 적성 시험을 위해 열심히 일하라고 권유했다.

해설_ 문맥상 '권유하다, 설득하다'라는 뜻의 **induce**가 알맞다.

어휘_ **deduce** 연역하다, 추론하다　**deduct** 공제하다　**induct** (자리에) 안내하다

정답_ (c)

14.

해석_ 지방정부는 그 도시의 교통문제 해결에 도움을 주라고 일단의 조사관들을 임명했다.

해설_ 어떤 직위에 임명을 하거나 위촉을 한다는 의미를 가진 **commission**이 들어가야 한다. **commission A to-V**는 'A에게 ~하라고 일을 맡기다'라는 의미.

어휘_ **compliment** 칭찬하다　**condescend** 자신을 낮추다, 겸손하게 굴다　**comprehend** 이해하다

정답_ (a)

15.

해석_ 골동품 상인인 저자는 독자들에게 진짜 골동품과 가짜 골동품을 구별하는 방법에 대해 조언했다.

해설_ 문맥상 '진짜와 가짜를 구별하는 방법'일 것이므로, **real**과 반대

의 의미를 가지는 **spurious**(가짜의)가 알맞다.

어휘_**antique** 골동품의; 골동품 **tell A from B** A와 B를 구별하
다 **specious** 외양만 좋은, 그럴듯한 **ingenuous** 순박한,
솔직한 **dissimulated** 숨겨진

정답_(b)

1.

해석_**A:** 고급 레스토랑에 당신 가족을 데리고 가고 싶어요.

　　B: 정말요? 약속하는 거죠?

해설_**fancy restaurant**은 '고급 레스토랑' 을 의미한다. **fancy**에
'고급의' 라는 뜻이 있다는 것을 알아두자.

어휘_**You swear?** 약속하는 거죠? **spooky** (귀신이 나올 것 같
이) 으스스한

정답_(c)

2.

해석_**A:** 네가 여자친구를 속이고 바람을 피웠기 때문에 너희 관계는 끝
난 것 같아.

　　B: 몇 번을 말해야 되냐? 난 바람 피우고 있었던 게 아니라니까.

해설_**go to the wall**은 '끝장나다' 라는 뜻의 관용구.

어휘_**cheat on** ~를 속이고 바람을 피우다

정답_(d)

3.

해석_**A:** 그 심야 코미디 영화 엄청 웃겼어.

　　B: 나도. 정말 재미있었어.

해설_**crack up**은 '~을 크게 웃기다' 라는 의미.

어휘_**riotous** 떠들썩한; 무척 재미있는

정답_(a)

4.

해석_**A:** 이 차 얼마나 가지고 계셨어요?

　　B: 2년 정도요. 하지만 거의 새것이에요.

해설_**in mint condition**은 '새것인 상태의' 라는 뜻이다. **mint**는
'(화폐 등이) 갓 발행된' 이라는 뜻인데, 여기서 의미가 발전되어 새
로 주조한 동전처럼 새것인 상태일 때 **in mint condition**이라
고 한다. 주로 중고차를 매매할 때 많이 사용한다.

어휘_**of humble condition** 신분이 천한 **on this condition**
이 조건으로

정답_(c)

5.

해석_**A:** 그녀는 어떻게 그렇게 일찍 졸업할 수 있었어?

　　B: 항상 한발 앞서 가잖아.

해설_**jump the gun**은 '한발 앞서 가다' 라는 뜻의 관용구. 달리기에
서 총을 쏘기 전에 먼저 뛰는 부정 출발에서 유래된 말이다.

어휘_jump the line 새치기하다

정답_(c)

6.

해석_A: 우선, 그는 도시로 가서 성공했고, 그리고…

B: 알아. 나머지는 다 아는 이야기야.

해설_the rest is history는 '나머지는 다 아는 이야기이다' 라는 의미. Thanks for the history lesson.도 알아두자. '다 알고 있어. / 뒷북치고 있네.' 라는 뜻이다.

어휘_rest oneself 휴식하다

정답_(b)

7.

해석_A: 판매 수치 확인해 봤어?

B: 물론이지. 흑자인 것 같아.

해설_'흑자' 일 때는 in the black, '적자' 일 때는 in the red라고 한다.

어휘_put up a black 실수를 하다

정답_(c)

8.

해석_A: 지난주에 우리 할머니가 돌아가셨어.

B: 우울하겠구나. 아주 좋은 분이셨는데.

해설_할머니가 돌아가셨기 때문에 feel blue(기분이 울적하다, 우울하다)가 문맥에 맞다.

어휘_pass away 죽다 weird 기묘한, 섬뜩한 lonely 외로운

정답_(b)

9.

해석_A: 그 엽궐련을 어디서도 찾을 수가 없어.

B: 암시장에서는 찾을 수 있을 거야. 하지만 알다시피 그건 불법이야.

해설_불법이라고 말한 것으로 보아 black market(암시장)이 적절하다.

어휘_illegal 불법의 swapped 교환된, 맞바꾼 swiped 도난당한

정답_(b)

10.

해석_A: 어떻게 불타는 건물에서 탈출하셨어요?

B: 뛰어내려서요. 하지만 정말 구사일생이었죠.

해설_close shave 는 '구사일생' 이라는 의미. 같은 뜻의 close call도 알아두자.

어휘_shave away 깎아 버리다 close up 결론을 짓다; 폐쇄하다

정답_(a)

11.

해석_A: 많은 사람들이 그 영화제에서 그 배우의 사실적인 연기에 박수를 보냈어요.

B: 그래요. 그는 온종일 주목을 받았죠.

해설_be in the spotlight는 '주목을 받다' 라는 의미.

어휘_applaud 박수를 치다

정답_(c)

12.

해석_A: 오늘 Anna의 아버지와 저녁식사를 할 거야. 가슴이 두근거려 죽겠어.

B: 야, 긴장 풀어. Wilkinson 씨를 만난 적이 있는데, 좋은 분이더라.

해설_have butterflies in one's stomach는 '(걱정으로) 가슴이 두근거리다, 안절부절못하다' 라는 뜻의 관용구.

정답_(d)

13.

해석_A: 너희 가족은 누가 생활비를 벌어?

B: 아버지가 직업이 없어서 어머니가 벌어.

해설_bring home the bacon은 집에 베이컨을 가져온다는 의미에서 '생활비를 벌다' 라는 뜻으로 쓰인다.

어휘_bring forth ~을 낳다; (열매를) 맺다

bring down the house 박수갈채를 받다

bring forward (안·문제 등을) 제출하다

정답_(b)

14.

해석_A: 구술 발표가 즉석에서 이루어지긴 했지만, 그래도 괜찮았어.

B: 그래. 아주 잘 구성되어 있었지.

해설_문맥상 improvise(즉석에서 하다)의 과거분사형이 들어가야 한다.

어휘_clarify 뚜렷하게 하다, 명백하게 하다 exemplify 예증하다

정답_(a)

15.

해석_A: 그는 경찰에게 체포됐어.

B: 그 일이 그의 전 인생을 무너뜨릴 수도 있어.

해설_disrupt는 '붕괴시키다' 라는 뜻인데, 여기서는 인생을 '무너뜨린다' 는 의미가 되겠다.

어휘_disroot 뿌리 뽑다 **disrobe** (예복을) 벗기다; (지위를) 박탈하다
정답_(b)

16.

해석_A: 그냥 한 번만이라도 충동적이 되어 보고 싶었어.

　　B: 미리 계획하지 않고 그렇게 큰 일을 한다면 후회하게 될 거야.

해설_계획 없이(without planning ahead) 하면 안 된다는 B의
대답에서 impulsive(충동적인)가 적절한 답임을 알 수 있다.

어휘_make a move 행동하다, 수단을 취하다 **impudent** 뻔뻔스
러운 **impudicity** 파렴치 **intensive** 강한, 집중적인

정답_(d)

17.

해석_A: 초대장 주위에서는 어떤 음료도 마시지 말아줘.

　　B: 알았어, 조심할게.

해설_음료 등을 마실 때 조심해야 할 것은 invitation(초대장)밖에 없
다.

어휘_typo 오류, 오식 **canvassing** 유세 **promotion** 승진

정답_(b)

18.

해석_A: 어떻게 그렇게 빨리 집에 도착했니? 그가 태워 줬니?

　　B: 아니. 그가 돈을 좀 줘서 택시 탔어.

해설_give ~ a ride는 '~를 (차에) 태워 주다' 라는 의미.

어휘_slip in 살그머니 들어오다 **crestfallen** 풀이 죽은
hand-down 기성복, 헌 옷

정답_(b)

19.

해석_A: 우리 새집은 냉장고, 침대, 옷장이 갖춰져 있어요.

　　B: 게다가 뒤뜰에는 아름다운 정원도 있잖아요. 금상첨화예요.

해설_새집에 가구가 갖춰져 있을 뿐만 아니라 아름다운 정원도 있으므로
'금상첨화' 라는 뜻의 the icing on the cake이 적절하다.

어휘_be furnished with (가구 등이) 갖추어져 있다
wardrobe 옷장 **touch-and-go** 위험한, 일촉즉발의
the irony of fate 운명의 장난, 새옹지마
have a long head 선견지명이 있다

정답_(c)

20.

해석_A: 널 더 이상 볼 수 없다는 사실이 믿기지 않아.

　　B: 나도. 네가 그리울 거야. 계속 소식 보내 줘.

해설_문맥상 '나에게 계속 소식을 알려 달라' 는 뜻의 keep me
posted가 적절하다.

어휘_keep in mind 명심하다 **keep ahead** 남보다 앞서 가다

정답_(a)

21.

해석_A: 나한테 거짓말하지 마. 나 지금 정말 화났어.

　　B: 난 사실대로 말하고 있을 뿐이야.

해설_call a spade a spade를 직역하면 '가래를 가래라고 부르다' 라
는 뜻인데, 관용적으로 '사실대로 말하다' 라는 뜻으로 쓰인다.

어휘_call aside 꾸짖다

정답_(c)

22.

해석_A: 그만 하자. 난 이 논쟁이 정말 지겨워.

　　B: 아니, 난 오늘 끝내고 싶어.

해설_bury the hatchet을 직역하면 '전투용 도끼를 묻다' 인데, 관
용적으로 '(전쟁·논쟁 등을) 그만두다' 라는 뜻으로 쓰인다.

어휘_bury an injury 받은 모욕을 잊어버리다
sound the charge 돌격 나팔을 불다

정답_(a)

23.

해석_A: 엄마! 저 로봇 강아지 사고 싶어요. 내 친구들은 모두 하나씩 가
지고 있어요.

　　B: 지난주에 아빠가 해고되셨단다. 지금 당장은 남들처럼 허세를
부릴 수 없어.

해설_keep up with the joneses는 '(경제적으로) 남에게 지지 않
으려 허세를 부리다' 라는 의미.

어휘_keep a promise 약속을 지키다 **keep accounts** 출납을
기입하다 **keep early hours** 일찍 자고 일찍 일어나다

정답_(b)

24.

해석_A: 쁘띠 프랑스에 대해 들어 본 적 있니? 어느 유명한 드라마의 배
경으로 사용되었어.

　　B: 물론이지. 말이 나온 김에 거기에 가 보는 게 어때? 여기에서 한
시간 밖에 안 걸려.

해설_'말이 나온 김에' 라는 뜻의 on the subject가 알맞다.

어휘_on the spot 현지에서 **on the table** 검토 중인
on the same lines 같은 방침으로

정답_(b)

25.

해석_A: Kein은 어디 있니? 못 본지 오래됐는데.

B: 작년에 저지른 사기죄로 아마 감옥에 있을 거야.

해설_behind bars를 직역하면 '창살 뒤에' 라는 뜻인데, 이 말은 '투옥되어' 있다는 뜻이다. in prison과 같은 의미이다.

어휘_the scene of the crime 범죄 현장 offense 위반, 위법 행위 crime-infested 범죄가 만연한

정답_(d)

26.

해석_그의 모친은 작년에 돌아가셨는데, 그는 모친의 죽음을 받아들이지 못하고 있다.

해설_come to terms with는 '~에 익숙해지다' 라는 뜻의 관용구.

어휘_pass away 죽다 recognition 인식, 인정 refusal 거절 grip 붙잡음, 움켜쥠

정답_(d)

27.

해석_우리 아버지는 너무 허약하고 기력이 쇠해서 지팡이 없이 다니기가 힘들다는 걸 깨달으셨어.

해설_문맥상 '지팡이' 라는 뜻의 cane이 들어가야 한다. cane은 '지팡이, 지지대, 회초리' 등의 의미로 사용된다. pole은 그냥 '막대기, 장대' 라는 의미.

어휘_frail 허약한 sluggish 기능이 둔한 saunter 거닐다, 산책하다 hearing aid 보청기

정답_(a)

28.

해석_기적을 바라는 사람들의 희망을 꺾고, 건물이 붕괴된 후 세 구의 시신이 잔해에서 수습되었다.

해설_recover는 '(건강을) 회복하다' 라는 뜻으로 많이 알고 있겠지만, '(시체 등을) 찾아내다' 라는 뜻으로도 쓰인다.

어휘_dash (희망 등을) 꺾다 wreckage 잔해, 파편 collapse 붕괴하다 free 자유롭게 해 주다 liberate 해방하다, 석방하다

정답_(c)

29.

해석_비벌리 힐스 지역의 참화로 인해 스미스 부부는 부동산 투자에서 많은 돈을 잃었다.

해설_큰 액수의 손실이라는 부정적 결과의 원인으로 적절한 것은 calamity(큰 재난, 참화)이다.

어휘_owing to ~ 때문에 real estate 부동산 inflation 인플레이션 appreciation 진가를 인정함; 감상; 감사 duress 구속, 감금

정답_(d)

30.

해석_사람들은 거리를 사망한 지도자의 이름을 따서 명명함으로써 그를 영원히 기렸다.

해설_'불후의 명성을 주다' 라는 뜻의 immortalize가 문맥에 알맞다. immortalize는 immortal(불멸의)의 동사형이고, immortal은 mortal(죽을 수밖에 없는 운명의)의 반대말이다. 헷갈리지 않게 익혀 두자.

어휘_deceased 사망한 bury 묻다 cremate (시체를) 화장하다

정답_(a)

31.

해석_그 부부를 둘러싸고 있는 가장 논쟁거리가 되고 있는 몇 가지 측면과 관련한 증거를 청취하기 위한 심리가 예정되었다.

해설_be due to-V는 '~하기로 되어 있다' 라는 뜻으로 예정을 나타낸다. plan과 schedule도 의미상으로는 예정을 나타내지만, 문법적으로 맞지 않다.

어휘_inquest (배심원 앞에서의) 심리 relating to ~에 관하여 controversial 논의의 여지가 있는

정답_(c)

32.

해석_지난번 공판에서는 Diana 소유의 편지함에 관해 제기된 상세한 질문들을 청취하였다.

해설_문맥상 '다이애나 소유의 편지함' 이므로 belonging이 들어가야 한다. belong to는 '~에 속하다' 라는 의미.

어휘_previous 이전의 possess 소유하다 obtain 획득하다

정답_(b)

33.

해석_Castro는 일 년 동안 보이지 않았지만, 비밀 의료 시설에서 발송된 정기 신문 칼럼 덕분에 마음속에서 잊혀지지는 않았다.

해설_out of mind(마음에서 멀어진)와 짝을 이루면서 문맥상 알맞은 것은 out of sight(안 보이는 곳에)이다.

어휘_thanks to ~ 덕분에 dispatch (급보를) 발송하다 maintain 유지하다 presidency (대통령ㆍ의장 등의) 지위, 직

정답_(b)

34.

해석_ 그들은 와투시족과 중도 후투족 약 80만 명이 학살당한 1994년 르완다 대학살에 가담하면서 콩고에 주둔하고 있었다.

해설_ 문맥상 '대량 학살' 이라는 뜻의 **genocide**가 들어가야 한다.

어휘_ **participate in** ~에 참여하다 **massacre** 학살하다 **maltreatment** 학대, 혹사 **collision** 충돌 **genophobia** 성공포, 성욕공포증

정답_ **(a)**

35.

해석_ 직무대리 대통령은 농업을 활성화하고 비싼 음식 수입에의 의존도를 줄이기 위하여 '구조적' 변화가 필요하다고 말했다.

해설_ **acting**은 형용사로 '직무 대행의, 대리의' 라는 뜻을 가지고 있다. 대통령의 권한을 한시적으로 대행하는 '임시 대통령' 은 **acting president**라고 한다.

어휘_ **temporary** 임시의 **permanent** 영원한, 계속적인 **provisional** 일시적인, 잠정적인, 조건부의

정답_ **(d)**

36.

해석_ 그가 생계 문제에 중점을 둔 것은 쿠바인들 사이에 일상의 경제적 어려움에서 벗어날 수 있다는 희망을 불러일으켰다.

해설_ 문맥상 희망을 '불러일으킨다' 는 뜻의 **revive**(소생하게 하다, 되살리다)가 들어가야 한다.

어휘_ **bread-and-butter** 생계를 위한, 생활수단인 **intervene** 중재하다

정답_ **(c)**

37.

해석_ 아버지는 손재주가 있지만, 나는 손재주가 없다.

해설_ **all thumbs**는 다섯 개의 손가락이 모두 엄지손가락이라는 뜻으로, '손재주가 없는' 사람에 대해 쓰인다.

어휘_ **handy** 손재주가 있는 **mighty** 강력한 **skillful** 숙련된, 솜씨 좋은

정답_ **(b)**

38.

해석_ 수백 명의 사람들이 이미 침수된 자신들의 집을 버리고 지금은 트리니다드 외곽의 텐트에 살고 있으며, 다른 이들은 교회나 학교로 피난했다.

해설_ 문맥상 '버리다' 라는 뜻의 **abandon**이 알맞다.

어휘_ **swamped** 물에 휩쓸린, 침수된 **take refuge in** ~에 피난

하다 **alter** 변경하다 **exaggerate** 과장하다

정답_ **(b)**

39.

해석_ 아랍과 회교 세계에서 출품된 30여 편 이상의 영화가 일주일간의 뉴욕 영화제에서 상영될 것이다.

해설_ 영화가 '상영되다', 연극이 '상연되다' 라고 할 때는 **play** 동사를 쓴다.

정답_ **(c)**

40.

해석_ 영국과 웨일즈의 주택 가격 인플레이션이 7월초의 10.3%에서 8월초의 12.8%로 올랐다고 부동산 웹사이트인 Rightmove가 월요일에 발표했다.

해설_ **go up**(올라가다)은 가격이 올라간다고 할 때도 쓰인다. **raised up**은 raise가 타동사이므로 문법상 들어갈 수 없다.

어휘_ **stand up** 일어서다 **take up** 들어 올리다

정답_ **(b)**

41.

해석_ 연예 신문인 〈할리우드 리포터〉가 고소득 여배우의 연례 리스트를 발간했는데, Nicole Kidman을 Julia Roberts 바로 뒤인 2위로 올렸다.

해설_ 2위로 '올렸다' 는 의미에 맞는 동사는 **put**이다.

어휘_ **annual** 1년의, 해마다의

정답_ **(d)**

42.

해석_ 그 당시 나는 8시간의 중노동에 대해 3달러를 배상받았다.

해설_ **reimburse**는 '변상하다, 배상하다' 라는 의미.

어휘_ **remit** 송금하다 **exonerate** 결백을 증명하다

정답_ **(c)**

43.

해석_ 우선 혼란 방지를 돕고 국가 교육 캠페인을 지지하기 위해 우리는 이 법안을 적용해야 한다.

해설_ 법을 '적용시킨다' 는 의미에 알맞은 동사는 **apply**이다. **impose**는 '(형벌, 의무, 세금 등을) 부과하다' 라는 의미.

정답_ **(a)**

44.

해석_ 나이가 드니 젊었을 때 한때 있던 활력이 없다.

해설_ 문맥상 '활기, 생명력' 이라는 뜻의 **vitality**가 적절하다.

어휘_ **variety** 변화, 다양성 **vividness** 생생함 **violence** 폭력

정답_ (c)

45.

해석_ 그 검사는 그 살인 사건을 조사하기 위해 모든 노력을 다하고 있다.

해설_ '살인 사건' 이라는 용어는 **murder case**이다.

어휘_ **prosecutor** 검사 **labyrinth** 미궁, 미로 **maze** 미로

정답_ (c)

46.

해석_ 주식에 투자하기 전에 각 유형의 주식과 연관된 권리를 안 다음 주식의 종류를 결정해야 한다.

해설_ **associated with**는 '~와 연관된' 이라는 의미.

어휘_ **be aware of** ~을 알다 **in accordance with** ~와 일치하여 **filled with** ~으로 가득찬

정답_ (a)

47.

해석_ 몇몇 신문은 너무 편향된 태도로 보도를 해서 특정 정당의 대변자인 것처럼 보인다.

해설_ 문맥상 '대변자' 라는 뜻의 **mouthpiece**가 적절하다.

어휘_ **biased** 편견에 치우친, 편향된 **ally** 동맹자

정답_ (a)

48.

해석_ 매일 저녁 그 식당에서 그 기자는 대서특필될 수 있는 정보를 수집하기 위해 시장의 대화를 엿듣곤 했다.

해설_ **glean**은 원래 '(이삭을) 줍다' 라는 뜻인데, 여기서 의미가 확장되어 '(정보 등을 조금씩) 수집하다' 라는 뜻으로도 쓰인다.

어휘_ **eavesdrop on** ~을 엿듣다 **make headlines** 대서특필되다 **ignore** 무시하다 **extol** 격찬하다 **extend** (손 등을) 뻗다; (기간을) 연장하다

정답_ (b)

49.

해석_ James는 대개는 야구장에서 무명이었기 때문에, 그의 승리를 이끈 홈런에 대한 많은 찬사에 진정으로 감격했다.

해설_ '무명의, 세상에 알려지지 않은' 이라는 뜻의 **unheralded**가 문맥상 적절하다.

어휘_ **indelible** (자국 등을) 지울 수 없는 **methodical** 조직적 방식의; 규칙적인 **pious** 경건한

정답_ (d)

50.

해석_ 그의 방 벽에는 스카프, 셔츠, 선수들의 사인이 있는 사진 등 함부르크 SV 축구팀의 기념품들이 더덕더덕 붙어 있었다.

해설_ 문맥상 '기념품' 이라는 뜻의 **memorabilia**가 들어가야 한다.

어휘_ **be plastered with** ~이 더덕더덕 붙어 있다 **vestige** (소멸한 것의) 흔적, 자취 **euphoria** 행복감

정답_ (d)

Final Test 2

1.

해석_ A: 음식 냄새가 아주 좋군요. 군침 돌게 하는데요.

B: 어서 많이 드세요.

해설_ make one's mouth water는 '군침이 돌게 하다' 라는 뜻의 관용구.

어휘_ Help yourself. 마음껏 드세요. saliva 침, 타액

정답_ (c)

2.

해석_ A: 왜 여자아이들이 그렇게 화가 나 있어?

B: 남자아이들이 걔네들이 방심한 틈을 타 뱀을 던져서 깜짝 놀라게 했기 때문이야.

해설_ catch A off A's guard는 'A가 방심한 틈을 타서 깜짝 놀라게 하다' 라는 의미.

어휘_ catch one's breath (놀라서) 숨을 죽이다

catch one's eye 눈에 띄다

정답_ (d)

3.

해석_ A: 그는 전혀 아무런 이유 없이 나를 증오한다고 말했어.

B: 왜 그는 항상 네 마음에 상처를 줘?

해설_ break A's heart는 'A의 심장을 깨다', 즉 'A의 마음을 아프게 하다' 라는 의미이다.

어휘_ break a child in 아이를 훈육하다 break ranks 열을 흐트러뜨리다 break a set 낱개로 팔다

정답_ (d)

4.

해석_ A: 그 프로그램이 너의 회사 시스템에 잘 맞니?

B: 응, 안성맞춤이야.

해설_ fit like a glove는 장갑이 손에 꼭 맞듯이 '안성맞춤이다' 라는 의미.

어휘_ fit the cap on 넌지시 빗댄 말을 자기 일로 생각하다

정답_ (b)

5.

해석_ A: 이 아이들이 이렇게 늦은 밤에 아직도 안 자고 TV를 보고 있네.

B: 걔네들이 들인 나쁜 습관이야. 걔네들은 항상 늦게 자.

해설_ be up 하면 '안 자고 깨어 있다' 라는 의미.

어휘_ pick up a bad habit 나쁜 습관이 들다

정답_ (a)

6.

해석_ A: 너 벌써 수업 교재 구했니?

B: 아니. 그들이 도서관에 가지고 있는 옛날 책을 사용할 수 있기를 바랐는데.

해설_ 초판, 재판 등 인쇄의 '판' 을 뜻하는 것은 edition이다.

어휘_ text 본문, 원문, 원본 volume (전집류 등의) 권

corpus 전집

정답_ (a)

7.

해석_ A: 당신네 호텔의 요금에 대해 좀 알려 주시겠어요?

B: 네. 어떤 방을 원하시죠?

해설_ 호텔 등의 객실 요금에는 rate를 쓴다.

어휘_ cost 비용 fare 운임 price 값, 정가

정답_ (b)

8.

해석_ A: 발표를 하기가 너무 두려워. 그들 모두가 나에게 낯선 사람들이거든.

B: 걱정하지 마. 넌 잘할 거야.

해설_ 문맥상 '낯선 사람, 모르는 사람' 이라는 뜻의 stranger가 알맞다.

어휘_ colleague 동료 associate 동료, 제휴자

crony 오랜 친구

정답_ (d)

9.

해석_ A: 그의 말을 믿어야 할까?

B: 아니, 그의 말은 의혹을 받고 있어.

해설_ under a cloud는 '의혹을 받고 있는' 이라는 의미.

어휘_ assertion 단언, 단정 conviction 유죄 판결; 확신

정답_ (b)

10.

해석_ A: 사모님, 여기 있습니다. 현금으로 하시겠어요, 신용카드로 하시겠어요?

B: 신용카드로 할게요.

해설_ 신용카드로 계산하겠다고 할 때 put ~ on one's credit card 의 형식으로 쓴다.

정답_ (c)

11.

해석_A: 듣자하니, 며칠 전에 Mike와 헤어졌다며. 그냥 그를 잊어버리는 게 나아.

B: 그럴 수 없어. 두고 봐. 그가 내게 돌아오도록 만들 테니.

해설_**Just wait and see.**는 말 그대로 '기다려 봐.', '두고 봐.' 라는 의미이다.

어휘_**break up with** ~와 헤어지다 **put a cork in it** 잠자코 있다

정답_(c)

12.

해석_A: 넌 러시아에서 어떻게 사니?

B: 생활을 꾸려나가기가 힘들어. 상황이 완전히 달라져서.

해설_**a whole new ball game**은 '전혀 다른 상황' 이라는 의미.

정답_(a)

13.

해석_A: 너무 피곤해. 이제 자야겠어.

B: 그럼, 내일 다시 전화할게.

해설_**hit the sack**은 '잠자리에 들다' 라는 뜻의 관용구. **hit the road**(여행을 떠나다), **hit the books**(열심히 공부하다)도 함께 알아두자.

정답_(b)

14.

해석_A: 그는 음표의 차이를 구별하지 못해.

B: 그가 음치라는 말이냐?

해설_'음치' 는 **tone-deaf**라고 한다.

어휘_**musical note** 음표 **sound-proof** 방음의

정답_(d)

15.

해석_A: 식구들에게 안부 전해 줘.

B: 그래. 잘 가.

해설_**Give my best regards to**~ 하면 '~에게 안부 전해 주세요' 라는 의미.

어휘_**Take care.** (헤어질 때) 몸조심 해./안녕. **inquiry** 문의, 연구, 조사

정답_(a)

16.

해석_A: 시험 어땠니?

B: 글쎄, 정확히 모르겠어.

해설_지나간 일에 대해 '~가 어땠어?' 라고 물을 때는 **How did ~ go?**라는 표현을 쓴다.

정답_(b)

17.

해석_A: 도와드릴까요?

B: 고맙습니다만 괜찮아요. 그냥 구경하는 거예요.

해설_상점에서 '그냥 둘러보는 거예요.' 라고 할 때는 **I'm just browsing.** 또는 **I'm just looking around.**라고 한다.

어휘_**look for** ~을 찾다

정답_(a)

18.

해석_A: 그녀가 날 바람맞힌 게 이번이 세 번째야.

B: 네가 화를 낸 게 당연해.

해설_**stand A up**은 'A를 바람맞히다' 라는 의미.

어휘_**No wonder (that)~** ~은 당연하다, ~은 조금도 이상하지 않다 **bring up** (아이를) 기르다, 양육하다 **butter up** 아첨하다 **turn up** (볼륨을) 높이다; 나타나다

정답_(b)

19.

해석_A: 오늘 아침에 김 씨가 아프다고 전화했어요.

B: 그가 거짓말을 하고 있는 것 같아요. 난 그 말 안 믿어요.

해설_**buy**는 '사다' 라는 뜻으로 알고 있겠지만, 종종 '(의견을) 받아들이다, 믿다' 라는 뜻으로도 쓰인다는 것을 알아두자.

어휘_**call in sick** 아파서 결근/결석하겠다고 전화하다

정답_(d)

20.

해석_A: 야구 연습에 또 늦어서 죄송합니다.

B: 이봐, Johnson! 제대로 하든지 아니면 관둬!

해설_**Shape up or ship out!**은 '제대로 하든지 아니면 그만둬!' 라는 의미.

정답_(c)

21.

해석_A: 그는 그 소식을 듣고 기뻐서 어쩔 줄 몰라 했어.

B: 상상이 가.

해설_**beside oneself**는 '제정신이 아닌, 흥분하여' 라는 의미. 따라서 **be beside oneself with joy** 하면 '기뻐서 어쩔 줄 모르다' 라는 말이 된다.

정답_ (c)

22.

해석_ A: 화장실이 어디죠?

　　B: 복도 저 아래 왼편에 있어요.

해설_ down은 기본적으로 '아래로'라는 뜻이지만, 화자로부터 멀어지는 방향을 의미하기도 한다.

정답_ (d)

23.

해석_ A: Mary는 정말 현대 무용에 관심이 많아.

　　B: 맞아. 거기에 대해서 아는 게 많은 것 같아.

해설_ be into ~ 하면 '~에 관심이 많은, ~에 열중해 있는'이라는 의미.

정답_ (b)

24.

해석_ A: 내일 아침 6시에 모닝콜을 해주실 수 있나요?

　　B: 물론이죠. 성함과 방 번호를 말씀해 주시겠습니까?

해설_ 호텔 같은 숙박시설에서 아침에 잠을 깨우는 전화, 즉 '모닝콜'은 wake-up call이라고 한다.

　　※ give가 들어가는 구어체 표현들

　　- Give me a call. 전화해.

　　- Give me a ride[lift]. 차 좀 태워 줘.

　　- Give me a hand. 도와줘.

정답_ (d)

25.

해석_ A: John Brown 좀 바꿔주시겠어요?

　　B: 잠깐만요. 바꿔드릴게요.

해설_ 전화에서 '바꿔드릴게요.'는 I'll get him[her].라고 하면 된다. 이 표현은 옆에 있는 사람을 직접 바꿔주는 상황에서 쓰이고, 내선으로 연결해 주겠다고 할 때는 I'll put you through to him[her]. / I'll connect you to him[her]. / I'll transfer your call to him[her]. 등으로 말한다.

정답_ (a)

26.

해석_ 영국과 프랑스의 외무 장관은 스리랑카 정부가 타밀 반군들과 정전하도록 설득하는 데 실패했다고 말했다.

해설_ make a truce는 '정전하다'라는 의미.

어휘_ arbitrate 중재하다

정답_ (b)

27.

해석_ 주식은 대개 보통주와 우선주, 두 그룹으로 분류된다.

해설_ 문맥상 be categorized into(~로 분류되다)가 되어야 한다.

어휘_ common shares 보통주　preference shares 우선주
　　determine 결심시키다, 결정하다

정답_ (b)

28.

해석_ 입장권 판매 대금은 이번 크리스마스에 음식과 의류를 가장 필요로 하는 사람들에게 지급할 지역 단체들에 기부될 것입니다.

해설_ 문맥상 donate(기부하다)의 과거분사형인 donated가 들어가야 한다.

어휘_ fund 자금을 대다

정답_ (c)

29.

해석_ 그 나라 북부 지역의 몇몇 마을에서 그 질병이 발생했다.

해설_ 문맥상 '질병이 발생했다'는 내용일 것이므로 outbreak가 적절하다. outbreak는 '(전쟁, 유행병 등의) 발발, 발생'이라는 의미이다.

어휘_ blackout 정전　outlook 조망　lookout 감시

정답_ (d)

30.

해석_ 〈월스트리트 저널 유럽판〉을 구독할 절호의 기회입니다. 최고의 글로벌 비즈니스 뉴스를 언제 어디서든 접해 보세요.

해설_ subscribe to는 '(잡지 등을) 예약 구독하다'라는 의미.

어휘_ contribute 기부하다, 공헌하다

정답_ (d)

31.

해석_ 미국 검사들은 소말리아 출신의 한 십대를 해적 혐의로 기소했다. 검사들은 이 진기한 사건에서 그 십대 약탈자를 혼내줄 것처럼 보인다.

해설_ bring ~ charge(s)는 '~의 죄로 기소하다'라는 의미.

어휘_ throw the book at ~를 엄벌에 처하다

정답_ (c)

32.

해석_ 주식을 사고파는 것을 금융시장에서는 거래라고 한다.

해설_ trading은 금융시장에서의 매매를 뜻하고, transaction은 일반적인 상거래를 뜻한다.

어휘_ refer to A as B A를 B라고 부르다 surrogate 대리(인)

정답_ (b)

33.

해석_ 에든버러 대학이 발표한 새로운 조사는 소녀들이 소년들보다 무단결석을 더 자주 한다는 것을 보여준다. 초등학교에서 지속적인 무단결석자의 상당수는 소녀들이었다.

해설_ truant는 '무단결석자, 무단결석의' 라는 뜻이고, play truant 는 '무단결석하다' 라는 뜻의 관용구이다.

어휘_ persistent 지속적인

정답_ (c)

34.

해석_ 이건 호텔의 무료 생수입니다. 즐거운 시간 되시길 바랍니다.

해설_ complimentary는 '칭찬하는' 이란 뜻도 있고, '무료의' 라는 뜻도 있다.

어휘_ commentary 논평, 주석 admiring 감탄하는

정답_ (d)

35.

해석_ 상품을 인도하기로 동의한 쪽을 '매도 포지션' 이라 하고, 상품을 받기로 동의한 쪽을 '매수 포지션' 이라고 한다. 선물계약은 그 두 당사자 간의 합의이다.

해설_ 관용적으로 short position(매도자), long position(매수자) 이라고 한다.

어휘_ commodity 상품 futures contract 선물계약

정답_ (c)

36.

해석_ 선물거래의 이익과 손실은 그 계약에 대해 시장의 하루하루의 동향에서 발생하기 때문에 날마다 정산된다.

해설_ 어떤 것을 '날마다' 할때 관용적으로 on a daily basis라고 한다.

어휘_ profits and losses 손익 calculate 계산하다

정답_ (d)

37.

해석_ 쿠바 지도자들의 큰 걱정은 그러한 개혁이 고르바초프 통치 하에서 발생했던, 소련의 붕괴에 이르게 된 개혁처럼 막을 수 없는 변화의 과정을 유발할 수도 있다는 것이다.

해설_ unstoppable은 '막을 수 없는' 이라는 뜻이고, unstopped 는 unstop(마개를 따다)의 과거분사형이다.

어휘_ reform 개혁 trigger 유발하다 collapse 붕괴

controllable 관리할 수 있는 controversial 논의의 여지가 있는, 쟁점이 되는

정답_ (a)

38.

해석_ 콜레스테롤이 무엇인지 그리고 당신에게 어떤 영향을 끼치는지를 알면 틀림없이 고 콜레스테롤을 피하는 데 도움이 될 것이다.

해설_ 문맥상 '영향을 끼치다' 라는 뜻의 affect가 들어가야 한다.

어휘_ adjust 조절하다, 조정하다

정답_ (a)

39.

해석_ 그는 계약자들로부터 뇌물을 받음으로써 자멸했다.

해설_ cut one's own throat는 자기 목을 찌른다는 의미에서 '자멸하다' 라는 뜻으로 쓰인다.

어휘_ bribe 뇌물 contractor 계약자

정답_ (a)

40.

해석_ UFO에 대한 그 책은 엉터리이다. 그 책은 외계인들이 정기적으로 지구를 찾아 온다는 주장에 대해 실재하는 증거를 제시하지 못하고 있다.

해설_ full of beans는 '엉터리인, 잘못된' 이라는 뜻의 관용구.

어휘_ claim 주장 regularly 정기적으로, 규칙적으로 tail 꼬리

정답_ (b)

41.

해석_ 체중과 콜레스테롤 수치 간에는 상관관계가 있다.

해설_ 문맥상 '상관관계' 라는 뜻의 correlation이 들어가야 한다.

어휘_ side effect 부작용 cause 원인 logic 논리

정답_ (a)

42.

해석_ 그 법안에 찬성을 표명하는 사람들은 우리는 더 이상 범죄가 시민들에게 해를 끼치게 해서는 안 된다고 말한다.

해설_ bill은 '청구서' 라는 뜻 이외에 '법안' 이라는 뜻도 가지고 있다.

어휘_ veto 거부권 suffrage 참정권

정답_ (a)

43.

해석_ 난 시험 전에 항상 떨려.

해설_ have butterflies in one's stomach는 뱃속에 나비가 날

아다니는 것처럼 '(걱정 등으로) 가슴이 두근거리다' 라는 의미로 쓰인다.

어휘_ **tension** 긴장 **dizziness** 어지러움, 현기증

정답_ **(d)**

44.

해석_ 그는 주지사의 등 뒤에서 남몰래 조종하고 있었다.

해설_ **pull the strings**는 '줄을 대다, 배후에서 조종하다' 라는 뜻의 관용구.

정답_ **(c)**

45.

해석_ Will Hunting은 태어나서 20년 동안은 뭐든 자기 뜻과 의지대로 하였다.

해설_ **call the shots**는 '무엇이든 자기 뜻과 의지대로 하다' 라는 의미.

정답_ **(c)**

46.

해석_ 식사가 주로 채소로 구성되어 있는 Tanabe 사람들은 장수의 비결이 술을 마시지 않는 것이라고 말했다.

해설_ 문맥상 '장수' 라는 뜻의 **longevity**가 들어가야 한다.

어휘_ **gravity** 중력 **gratitude** 감사 **triviality** 사소함

정답_ **(d)**

47.

해석_ 일본 여성이 22년간 세계 장수 순위에서 1위를 차지한 반면, 일본 남성은 아이슬란드 남성에 이어 2위를 차지했다.

해설_ **top**은 동사로 '일등을 하다' 라는 의미이다.

어휘_ **ranking** 순위 **compatriot** 동포, 동료 **double** 두 배로 하다 **conquer** 정복하다 **mark** (득점을) 기록하다

정답_ **(a)**

48.

해석_ 아스테릭스 이야기의 가장 강력한 요소들 중의 하나는 서로 다른 국민성을 자애롭게 정형화하는 것이다. 예를 들면, 영국인들의 격식을 차리는 말투와 미지근한 맥주에 대한 애호, 그을린 피부를 가진 스페인 사람들의 플라멩고 춤에 대한 애호 같은 것들이다.

해설_ 뒤에 나오는 예를 보면 **stereotype**(정형화하다)이 들어가야 한다는 것을 추론할 수 있다.

어휘_ **affectionate** 애정 깊은, 상냥한 **harrowing** 비참한, 괴로운 **distinguish** 구별하다 **nationalism** 민족주의

정답_ **(b)**

49.

해석_ '사이트 앤드 사운드' 리스트의 대부분은 대중에게 호소하기보다는 틀에 박힌 영화들로 이루어져 있다. 심지어는 Robert De Niro가 연기한 전설적인 복서 Jake La Motta의 삶을 무자비하고 잔인하게 묘사한 〈성난 황소〉조차 대중적인 작품으로 묘사되지 못했다.

해설_ 틀에 박힌 진부한 영화와 대중의 마음을 끌어당기는 영화가 비교되고 있으므로 **populist**(대중에 영합하는)가 들어가야 한다. **epic**은 '서사시적인 작품' 이고, **art house films**는 '예술 영화' 를 지칭한다.

어휘_ **be made up of** ~으로 이루어져 있다 **stylized** 틀에 박힌, 진부한 **grim** 엄한, 험악한, 불쾌한 **brutal** 잔인한, 야만적인 **portrayal** 묘사

정답_ **(a)**

50.

해석_ 우리 이모는 유방암 수술을 받으셨는데, 재발되어서 돌아가셨다.

해설_ 문맥상 '(병의) 재발, 도짐' 의 뜻을 갖고 있는 **relapse**가 알맞다. **have a relapse** 하면 '(병이) 재발하다, 도지다' 라는 의미.

어휘_ **breast cancer** 유방암 **diagnosis** 진단 **malpractice** 의료 과실

정답_ **(c)**

Final Test 3

1.

해석_ A: 난 내 새 차에 아주 만족해. 시운전 해볼 겸 타 보자.

　　　 B: 좋겠다. 하지만 너무 흥분해서 속도 위반하면 안 돼.

해설_ get carried away는 '흥분하다, 넋을 잃다' 라는 의미.

어휘_ get across to ~에게 이해되다 get along with ~와 잘지내다 get done with ~을 끝내다, 마무리하다

정답_ (d)

2.

해석_ A: John을 어떻게 생각해? 근사한 남자 아니야?

　　　 B: 그래. 정말 멋져. 난 그가 참 좋아.

해설_ 구어체에서 cool은 종종 '멋진, 근사한' 이라는 의미로 쓰인다.

어휘_ fast 민첩한 childish 어린아이처럼 유치한 awful 지독한

정답_ (b)

3.

해석_ A: 영어를 참 잘하시네요.

　　　 B: 고맙습니다. 하지만 아직 갈 길이 멀어요.

해설_ have a long way to go는 우리말의 '갈 길이 멀다' 라는 말과 똑같은 표현이다.

어휘_ compare 비교하다

정답_ (a)

4.

해석_ A: 당신과 얘기 좀 나누고 싶은데요.

　　　 B: 무슨 일이죠?

해설_ have a word with는 '~와 이야기를 나누다' 라는 뜻의 관용구.

어휘_ tongue 혀; 말, 언어 (→ mother tongue 모국어) exchange 교환; 교환하다 saying 속담

정답_ (d)

5.

해석_ A: 이 여행안내서의 스페인어판 있습니까?

　　　 B: 없는 것 같은데요. 영어판은 안 될까요?

해설_ 여기서 do는 '괜찮다, 충분하다' 라는 의미의 자동사이다.

어휘_ edition (초판, 재판의) 판 bit 작은 조각 inform 알려주다

정답_ (a)

6.

해석_ A: 잘 가. 편히 쉬어.

　　　 B: 잘 가. 안녕.

해설_ 흔히 쓰는 작별인사에는 Be good. / Take it easy. / So long. 등이 있다. 좀 더 좋은 의미로 말한다고 Be great.이나 Be terrific.이라는 말을 쓰지 않도록 주의하자.

어휘_ cozy 아늑한, 기분 좋은

정답_ (c)

7.

해석_ A: (B의 방문 밖에서) Mary, 들어가도 돼?

　　　 B: 그래, 들어와. 문 열렸어.

해설_ Are you decent?는 '옷은 입으셨요?' 라는 뜻으로, 방문 등을 열기 전에 상대방이 준비가 안 된 상태라면 당황하지 않도록 열어도 되겠는지 물을 때 쓰는 말이다.

어휘_ modest 겸손한 chaste (여성이) 순결한 pure 순수한

정답_ (d)

8.

해석_ A: 나는 그가 그런 식으로 친구를 헐뜯었다는 것을 믿을 수 없어.

　　　 B: 음, 그건 사실이야. 그는 너에 대해서도 모욕적인 말을 했어.

해설_ backbite는 뒤에서 깨문다는 뜻에서 '(뒤에서) 헐뜯다, 험담하다' 라는 의미로 쓰인다.

어휘_ insulting 모욕적인 backwash 역류; ~에 역류를 가하다 backlash 반발하다; 역회전하다 backstroke 반격, 되받아치기

정답_ (c)

9.

해석_ A: 튼튼한 건 질렸어. 그리고 빨간색 신발은 행운을 가져다준단 말이야.

　　　 B: 하지만 빨간색은 녹색이랑 안 어울려.

해설_ go with는 '~와 어울리다' 라는 의미.

어휘_ sturdy 튼튼한, 억센, 기운찬 go on 계속하다 go through 통과하다; 경험하다 go off (경보 등이) 울리다

정답_ (b)

10.

해석_ A: 그녀가 다시 연습해야 한다고 생각하니?

　　　 B: 걱정 마. 그녀는 괜찮을 거야.

해설_ I bet~ 하면 '~을 단언한다' 라는 말이다. You bet!(물론이지!) 도 자주 쓰이는 말이니 알아두자.

어휘_ rehearse 연습하다, 시연하다 **beg** 구걸하다, 간청하다

정답_ (a)

11.

해석_ A: 그에게 잠시만 기다려달라고 전해줘.

   B: 하지만 그는 지금 아주 바빠.

해설_ hold는 '들다, 갖고 있다, 유지하다, 개최하다' 등의 뜻 이외에 '기다리다' 라는 뜻으로도 쓰인다. 전화통화 시 **Hold on.** 하면 '끊지 말고 기다려.' 라는 말이다.

어휘_ ease (고통 등을) 진정시키다, 덜어주다

정답_ (a)

12.

해석_ A: 지금 내 형편으로는 그럴 여유가 없어.

   B: 괜찮아. 내가 네 것도 계산할게.

해설_ I can't afford~는 경제적 또는 시간적으로 어떤 것을 할 수 있는 형편이 안될 때 쓰는 말이다.

어휘_ affirm 단언하다 **affect** 영향을 끼치다 **afflict** 괴롭히다

정답_ (c)

13.

해석_ A: 이 상자는 그것을 보관하기에 정말 유용해.

   B: 나도 그렇게 생각해. 용도가 아주 많지.

해설_ come in handy는 '여러모로 편리하다, 유용하다' 라는 뜻의 관용구.

어휘_ strenuous 맹렬한, 격렬한, 열심인 **an uphill task** 벅차고 힘든 일 **tough sledding** 곤란한 일, 어려운 시기

정답_ (b)

14.

해석_ A: 왜 그 어린 소년을 화가 나게 했니?

   B: 우린 같이 놀고 있었는데, 걔가 그냥 울기 시작했어요.

해설_ 문맥상 '당황하게 하다, 화나게 하다' 라는 뜻의 upset이 들어가야 한다.

어휘_ bleed 피가 나다 **cheat** 속이다

정답_ (b)

15.

해석_ 그 뱀이 내 왼쪽 다리를 문 후부터 나는 등산을 포기할 수밖에 없었다.

해설_ '물다' 라는 뜻의 bite(-bit-bitten)가 문맥에 맞다.

어휘_ fraction 세분하다 **chop** 자르다, 잘게 썰다 **dice** 주사위;

(야채 등을) 주사위 모양으로 썰다

정답_ (b)

16.

해석_ A: 무슨 일이야? 우린 지금쯤 100마일은 가 있기로 되어 있었잖아.

   B: 미안하지만, 길이 막히는 건 나도 어쩔 수 없잖아.

해설_ 여기서 **can't help~**는 '~을 피할 수 없다, ~을 어쩔 수 없다' 라는 의미이다.

정답_ (a)

17.

해석_ A: 왜 그렇게 방어적이야?

   B: 모르겠어. 아마 비난받는 느낌이 들어서 그런가봐.

해설_ 비난받는 느낌이 들었다는 대답에서 **defensive**(방어적인)가 적절한 답임을 알 수 있다.

어휘_ defective 결함이 있는 **deformative** 변형시키길 좋아하는 **detective** 탐정, 형사; 탐정의

정답_ (d)

18.

해석_ A: 초대권이 필요하신가요? 몇 장 사드릴까요?

   B: 지금 나한테 뇌물을 주는 건가요?

해설_ 문맥상 '뇌물을 주다' 라는 뜻이 되어야 하므로 **offer**(제공하다)가 들어가야 한다. '뇌물을 받는다' 고 할 때는 **take** 동사를 쓰면 된다. **offer a bribe, take a bribe**로 외워두자.

어휘_ bribe 뇌물 **tease** 놀리다, 괴롭히다

정답_ (d)

19.

해석_ A: 난 전업주부 아빠가 되려고 합니다.

   B: 하지만 역할이 바뀐 부부의 생활은 종종 어려워요.

해설_ stay-at-home dad는 역할 전환이므로 '바뀐, 전환된' 이라는 뜻의 reversed가 들어가야 한다.

어휘_ converse 대화를 나누다 **revive** 소생시키다, 기운 나게 하다 **confirm** 확인하다

정답_ (b)

20.

해석_ A: 그래도 아직 이웃방범대가 있잖아요.

   B: 난 그렇게 생각 안해요. 이웃방범대는 그저 웃음거리일 뿐이에요.

해설_ A의 말에 동의하지 않는 것으로 보아 B가 이웃방범대를 하찮게 생각하고 있음을 알 수 있다. 따라서 joke(웃음거리, 우스운 일)가 알

맞다.

어휘 guardian 수호자, 보호인 safety 안전 pride 자부심, 자만

정답 (d)

21.

해석 A: 오늘 스케줄이 너무 빡빡해. 머리가 터질 지경이야.

　　B: 그럼 다음으로 연기하는 게 어때?

해설 rain check은 원래 야구경기 등이 비가 내려서 중단될 때 관람객이 다음 회 경기를 볼 수 있도록 주는 표를 뜻했다. 여기서 유래되어 이 표현은 관용적으로 '후일의 약속, 초대의 연기'라는 뜻으로 쓰인다.

어휘 booked solid 예약이 꽉 찬 explode 폭발하다 rosy view 낙관적 전망

정답 (a)

22.

해석 A: 안녕. 내 메시지 받았니?

　　B: 응, 하지만 너한테 직접 말하고 싶어서 전화하진 않았어.

해설 문맥상 in person(몸소, 직접)이 알맞다.

어휘 by oneself 혼자 on time 제시간에 in A's place A 대신에

정답 (b)

23.

해석 A: 당신 프로젝트에 좀 더 노력을 기울이는 게 어때요?

　　B: 아시다시피, 저도 열심히 해왔습니다. 하지만 일이 바라던 대로 잘 풀리지 않네요.

해설 bend over backwards는 '열심히 하다'라는 의미.

어휘 see for looking 눈을 씻고 찾아보다 hold up 지속하다

정답 (c)

24.

해석 A: 왜 기다려? 그냥 지금 찢어 버리는 게 어때?

　　B: 아냐, 괜찮아. 나 어지르는 거 싫어하잖아.

해설 litter는 '(방안을) 어질러놓다, (물건을) 흩트리다'라는 의미.

어휘 rip up 찢어버리다 gather 모으다, 수집하다 mass 덩어리가 되다 disband 해산시키다

정답 (c)

25.

해석 A: 내가 해결할게. 큰 실수는 피하자고.

　　B: 내가 능숙하지 못하다는 뜻이야?

해설 tactful은 '재치 있는, 빈틈없는, 능숙한' 등의 의미이다.

어휘 hunchy 등이 굽은 rough 거친, 대충의 bumpy (길이) 울퉁불퉁한, (음악 등이) 박자가 고르지 않은

정답 (d)

26.

해석 당신은 언급되지 않은 생각과 관점들이 작가에 의해 암시되었다는 사실에 주목할 것이다. 이러한 것을 '추론 도출'이라고 하며, 이는 '비판적인 독서'의 시작이다.

해설 작가가 암시하는 것은 독자가 추론을 해서 이끌어내야 하므로 문맥상 inference(추론)가 알맞다.

어휘 mention 언급하다 imply 암시하다 critical 비판적인 creativity 창조성, 독창력 criticism 비판 reference 참조

정답 (b)

27.

해석 악인은 끝없이 매력적일 수 있는 반면 착한 사람은 종종 따분하고 재미없다는 것은 아이러니하고 다소 비극적이다.

해설 ironic과 while이라는 단어에서 dull과 상반되는 뜻을 가진 단어가 들어가야 함을 알 수 있다. 따라서 fascinating(매력적인, 아주 재미있는)이 알맞다.

어휘 evildoer 악인 ordinary 평범한 skeptical 의심 많은, 회의적인 stubborn 완고한

정답 (b)

28.

해석 우선주(식)들은 소유자에게 배당금을 받을 자격을 부여하고 투표권을 준다.

해설 entitle A to-V는 'A에게 ~할 자격을 주다'라는 뜻이고, 수동형 be entitled to-V(~할 자격이 있다, ~할 자격을 부여받다)의 형태로도 많이 쓰인다.

어휘 dividend 배당금 transfer 양도하다

정답 (c)

29.

해석 많은 경영대학원들은 지나치게 협소한 경영 커리큘럼을 피하고 있다. 왜냐하면 오늘날의 경쟁이 치열한 경제 상황에서 훌륭한 경영자는 반드시 다양한 분야에 통달해야 하기 때문이다.

해설 문맥상 diverse aspect(다양한 분야)와 상반되는 내용이어야 하는데, narrow(협소한)가 이미 상반되는 뜻이므로 이를 좀 더 강조하는 부사를 찾으면 된다. 따라서 overly(지나치게)가 정답.

어휘_well versed in ~에 조예가 깊은, 통달한 ambiguously 애매모호하게 endemically 풍토적으로, 지방적으로 inadvertently 우연하게, 부주의하게

정답_(d)

30.

해석_나는 그의 얼굴은 알고 있지만 그에게 말을 걸어 본 적은 없다.

해설_know ~ by sight는 '~를 얼굴만 알고 있다' 라는 의미.

어휘_by mistake 실수로 by chance 우연히

정답_(c)

31.

해석_고층 아파트는 대부분 오락시설이 부족하기 때문에 최근 몇 년 사이에 아이가 있는 가정에 적합하지 않다고 혹평 받았다.

해설_have been criticized(혹평 받았다)에서 unsuitable(부적당한)이 적절한 답임을 알 수 있다.

어휘_facilities 시설, 설비 degrading 품위를 떨어뜨리는 inevitable 피할 수 없는

정답_(a)

32.

해석_그 시험에 합격하고 싶다면 열심히 공부하는 게 좋아.

해설_hit the books는 '열심히 공부하다/일하다' 라는 뜻의 관용구.

어휘_hit the roof 벌컥 화를 내다; 물가가 폭등하다 hit the road 여행을 떠나다

정답_(c)

33.

해석_가난하고 교육을 덜 받은 사람들만이 속어를 사용한다고 생각하는 사람들이 있지만, 이러한 생각은 잘못된 것이다.

해설_but으로 연결되므로 '잘못된' 이라는 뜻의 erroneous가 문맥에 맞다.

어휘_accurate 정확한 widespread 널리 퍼진

정답_(a)

34.

해석_그 작곡가는 어느 정신과 의사에게 며칠 동안 계속 떠오르는 꿈에 대해 이야기했다.

해설_문맥상 '재발하다, 반복되다' 라는 뜻의 recur가 알맞다.

어휘_psychiatrist 정신과 의사 incur 초래하다 vaporize 증발시키다 reverberate 반향하다, 울려 퍼지다

정답_(b)

35.

해석_금일 신문에 의하면, 노사 간의 협상이 순탄치 않다고 한다.

해설_'협상' 이라는 뜻의 negotiation이 문맥상 알맞다.

어휘_investigation 조사 argument 논쟁 statement 진술

정답_(d)

36.

해석_처음에는 어려웠지만, 지금은 요령을 터득했다.

해설_get the knack[hang] of it은 '요령을 터득하다' 라는 의미이다. 어떤 현상이나 사용법 등의 원리를 이해하거나 터득한다는 뜻이다.

정답_(d)

37.

해석_그 지방정부는 Parker 씨로부터 일부 땅을 되찾을 계획을 가지고 있다.

해설_권리나 소유물 등을 '되찾다' 라는 뜻을 가진 단어는 reclaim이다.

어휘_retire 퇴직하다, 은퇴하다 revise 개정하다

정답_(b)

38.

해석_Baker 씨는 영국에서 일한 경험 때문에 그 프로젝트를 맡아달라는 요청을 받았다.

해설_'(일, 책임 등을) 떠맡다' 라는 뜻의 undertake가 문맥에 맞다.

어휘_undergo 경험하다 undervalue 과소평가하다

정답_(a)

39.

해석_진지한 학자가 훌륭한 이론들을 이렇게 거만하게 무시하는 것을 용서한다는 것은 불가능하다.

해설_dismissal을 문맥에 맞게 꾸며주는 단어는 cavalier(거만한)이다.

어휘_condone 묵과하다, 용서하다 astute 기민한, 빈틈없는, 교활한 sagacious 현명한

정답_(b)

40.

해석_그 회사는 사전 통보 없이 가격을 변경할 권리를 보유하고 있다.

해설_여기서 reserve는 '(권한 등을) 보유하다' 라는 의미.

어휘_without prior notification 사전 통보 없이

정답_(d)

41.

해석_ 약이 다 떨어지면 저희 병원에 와서 처방전을 또 받아 가세요.

해설_ prescription(처방전)이 필요한 것은 medicine이다.

어휘_ use up 다 쓰다 vaccination 백신 접종

정답_ (c)

42.

해석_ 그 중개인은 내부 정보를 이용하여 증권시장에서 불법적인 이득을 취해 사기죄로 기소되었다.

해설_ be indicted for는 '~으로 기소되다' 라는 의미.

어휘_ fraud 사기 inside knowledge 내부 정보 interdict 금지하다, 막다 contradict 부정하다; 모순되다

정답_ (b)

43.

해석_ 휘발유 가격이 작년부터 10% 이상 하락하였다.

해설_ 주어 The price와 어울리며 자동사로 쓰이는 단어는 decrease(감소하다)이다. down은 be동사와 함께 써야 하고, descend는 '(높은 곳에서 아래로) 내려가다' 라는 뜻이다.

어휘_ downsize (인원을) 축소하다

정답_ (d)

44.

해석_ 나는 기말고사를 통과하기 위해 수학 공부를 열심히 해왔다.

해설_ bone은 명사로는 '뼈' 라는 뜻이고, 동사로는 bone up on의 형태로 쓰여 '~을 열심히 (공부)하다' 라는 뜻을 가진다.

어휘_ culminate 정점에 이르다 excruciate 몹시 고통을 주다, 고문하다 exculpate 무죄로 하다

정답_ (c)

45.

해석_ 우리 규칙에는 많은 예외가 있는데, 난 그것이 공정하다고 생각하지 않는다.

해설_ 문맥상 '예외' 라는 뜻의 exception이 알맞다.

어휘_ excitement 흥분 exile 국외 추방, 망명, 망명자

정답_ (b)

46.

해석_ 이 드레스는 눈길을 끈다. 그래서 많은 사람들이 이 옷을 입은 나를 칭찬해 준다.

해설_ compliment는 '칭찬하다' 이고, complement는 '보충, 보완' 이라는 의미이다. 헷갈리지 않도록 주의하자.

어휘_ eye-catching 눈길을 끄는 complaint 불평 complementary 보완적인

정답_ (a)

47.

해석_ 그녀는 여전히 꽃무늬의 하얀 드레스를 입고 있었다.

해설_ 문장 구조 및 문맥상 '꽃무늬의' 라는 뜻의 flowery가 들어가야 한다. flowering은 '꽃이 피는' 이라는 의미.

정답_ (c)

48.

해석_ 당신이 받는 교육은 당신의 목표 달성에 필요한 지식을 줄 것이라는 것을 기억해야 한다.

해설_ '목표 달성' 이 되어야 문맥이 맞으므로 attainment(달성, 도달)가 들어가야 한다.

어휘_ establishment 설립 amendment 개정, 수정

정답_ (c)

49.

해석_ 저희에게 연락하시면, 고객님만의 상담사로부터 고객님이 바라고 또 받을 자격이 있는 전문적이고 개인적인 안내를 받을 것입니다.

해설_ master psychic은 '상담사' 라는 뜻이다. psychic이 원래 '무당' 이라는 뜻인 만큼, 영험한 조언자를 의미한다.

어휘_ publicist 홍보 담당자 mouthpiece 대변인 masseur 마사지사

정답_ (a)

50.

해석_ 자기 존재의 심연에는 존재의 신비를 헤아리고자 하는 강렬한 열망이 있기 때문에 철학자들은 지혜에 대한 사랑이 인간의 천부적인 자질이라고 가정한다.

해설_ endowment는 '천부적인 자질이나 재능' 을 뜻한다.

어휘_ being 존재 long 갈망하다 fathom ~의 수심을 재다 compliment 칭찬 resentment 분개 presentiment (불길한) 예감

정답_ (a)

Final Test 4

1.

해석_ A: 무슨 일이니, Jake? 뭔가 불편해 보이는데.

B: 사실 중간고사 때문에 완전히 녹초가 됐어. 힘이 축 늘어진다.

해설_ 문맥상 기력이 떨어진다는 내용일 것이므로 '(기력이) 축 늘어지는, 맥이 빠지는' 이라는 뜻의 **flagging**이 들어가야 한다. **tired**는 주어가 사람이 아닌 **energy**이기 때문에 쓸 수 없다.

어휘_ **uneasy** 불안한, 걱정되는; (몸이) 불편한 **exhausted** 녹초가 된 **full of vigor** 원기 왕성한 **a flow of spirits** 원기 왕성

정답_ (c)

2.

해석_ A: 독서모임에 가져갈 치즈파이를 25개 만들어야 해요.

B: 당신 사람 아니죠? 농담 아니고, 어떻게 그걸 다 하는 거죠?

해설_ **cram**은 '(좁은 곳에) 밀어 넣다; 벼락치기로 하다' 라는 의미.

어휘_ **filch** 훔치다 **cuddle** 꼭 껴안다, 꼭 붙어 자다 **pinch** 꼬집다; 인색하게 굴다

정답_ (d)

3.

해석_ A: 시 공무원들을 만났을 때 조금 당황했어요. 나에게 아주 무례했거든요.

B: 알다시피, 그들은 시골에 있으면 더 뻐기고 다닐걸요.

해설_ **put on airs**는 '젠체하다, 뽐내다' 라는 의미.

어휘_ **take air** 알려지다, 널리 퍼지다 **hit the air** 방송하다 **take to the air** 하늘을 날다

정답_ (c)

4.

해석_ A: 뱃속을 진정시킬 만한 걸 찾고 있어요.

B: 이걸 물과 함께 먹어 봐요.

해설_ **smooth**는 '매끄럽게 다듬다, 고르게 하다' 라는 뜻이므로, **smooth one's stomach** 하면 '속을 진정시키다' 라는 뜻이 된다.

어휘_ **flush** (얼굴이) 확 붉어지다; (물이) 왈칵 쏟아져 나오다 **plane** 대패질하다 **mellow** 익히다; 익다, 원숙해지다

정답_ (a)

5.

해석_ A: 새로운 수업은 정말 힘들어요. 외래의 것을 배우는 건 아주 어려울 수 있군요.

B: 곧 익숙해지게 될 거야. 그런데 오늘밤에 뒤풀이 파티에 올 거니? 다른 학생들을 만날 수 있는 아주 좋은 기회거든.

해설_ '뒤풀이 파티' 라는 뜻의 **after-party**가 문맥에 맞다.

어휘_ **innocent party** 결백한 당사자 **closed meeting** 비공개 회의 **casual meeting** 우연한 만남

정답_ (c)

6.

해석_ A: 넌 그와 노느라 하루하루를 보냈어.

B: 알아. 이제는 (일에) 전력을 기울일 때야.

해설_ **buckle down**은 '전력을 기울이다' 라는 의미.

어휘_ **fasten down** 확정하다 **cut down** 삭감하다 **grind down** 빻다; 억누르다

정답_ (c)

7.

해석_ A: 자네가 내 밑에서 일한 지 한 달이 넘었군. 이제 서로 알 때가 되었다고 생각하네.

B: 그럼, 모르는 부분을 기꺼이 채워드리죠. 뭘 알고 싶으신가요?

해설_ **get acquainted (with)** 하면 '(~와) 아는 사이가 되다' 라는 의미.

어휘_ **get fired** 해고되다 **get ahold of** ~와 연락이 되다 **get shocked** 감전되다

정답_ (a)

8.

해석_ A: 어째서 우리 회장은 은퇴하려고 하지?

B: 그분은 너무 나이가 들어서 아들에게 자리를 내주려고 하는 것 같아.

해설_ **give room to**는 '~에게 자리를 내주다' 라는 의미.

어휘_ **give a tilt** 기울이다 **give a whirl** 시도하다

정답_ (b)

9.

해석_ A: 무슨 일이니? 저녁을 맛있게 먹지 못하고 있구나.

B: 죄송한데, 배가 아파서 이걸 먹으려고 한다면 구역질이 날 거예요.

해설_ 배가 아프다고 했으므로 '구역질이 나다' 라는 뜻의 **gag**가 들어가야 문맥이 맞다.

어휘_ **stomachache** 복통 **play on** 경기를 재개하다 **look down on** ~을 무시하다 **play down** ~을 경시하다

정답_ (d)

10.

해석_A: 여권 신청하려면 많은 서류가 필요해.

      B: 알아. 정말 골치 아프지.

해설_a pain in the neck을 직역하면 '목 안의 고통' 이라는 뜻인데, 관용적으로 '골칫거리' 라는 뜻으로 쓰인다.

어휘_apply for ~을 신청하다 **head and shoulders** 우수한, 월등한 **neck and neck** 막상막하의 **face like a thunder** 화난 얼굴

정답_(b)

11.

해석_A: 이봐 Paul! 너 요즘 훨씬 멋있고 잘생겨 보이는데.

      B: 넌 내가 아주 못생겼다고 말했었잖아. 왜 날 띄워주는 거니? 나한테 뭐 부탁할 거라도 있어?

해설_ 문맥상 '알랑거리다' 라는 뜻의 **butter up**이 적절하다.

어휘_beg on one's knees 빌다시피 하며 부탁하다 **ask too much** 지나친 부탁을 하다 **ask oneself** 불청객이 되어가다, 폐를 끼치다

정답_(b)

12.

해석_A: 저에게 벌금만 물리시겠어요?

      B: 미안하지만, 당신 차는 견인될 거예요.

해설_ 문맥상 '끌다, 견인하다' 라는 뜻의 **tow**가 알맞다.

어휘_fine 벌금 **toe** 발끝으로 걷다 **pull over** 정차하다

정답_(a)

13.

해석_A: Julie는 왜 그 일에 대해 거짓말을 하려는 거지?

      B: 또 그래? 글쎄, 제 버릇 남 못 주는 거지.

해설_force of는 '~에 의하여, ~의 힘으로' 라는 뜻이다. 따라서 **force of habit** 하면 '고치기 힘든 습관' 을 의미한다.

어휘_barefaced 뻔뻔스러운

정답_(c)

14.

해석_A: 사람들 만나는 건 쉽지 않은 일이에요.

      B: 그러게 말이에요. 내 여동생의 주선으로 난 현재의 남편을 간신히 만날 수 있었어요.

해설_Tell me about it.은 상대방의 말에 동의하는 동시에 자신의 경우를 말하기 위해 사용되는 말이다. 우리말로 옮긴다면 '그러게 말이에요. / 말도 마세요.' 정도로 해석하면 되겠다.

어휘_intercession 중재, 알선 **barely** 간신히

정답_(d)

15.

해석_A: 완전 드라마잖아! 난 사악한 쌍둥이가 나타나거나 누가 기억상실증에라도 걸리길 기다렸어.

      B: 음, 약간 지나친 것 같아.

해설_over-the-top은 정상을 넘어갔다는 의미에서 '상식을 벗어난, 정도가 지나친' 등의 뜻으로 쓰인다.

어휘_amnesia 기억상실증 **flattering tongue** 아첨

정답_(c)

16.

해석_A: 요즘 어떠세요? 사업 말이에요.

      B: 힘들게 시작했지만, 이젠 잘 되고 있어요.

해설_but 뒤에 현재는 잘 되고 있다고 한 것으로 보아, 시작할 땐 힘들었다는 뜻의 **rocky start**가 들어가야 문맥이 맞다. **rocky**는 '바위가 많은' 이라는 뜻에서 확장되어 '장애가 많은, 곤란한' 의 의미로도 쓰인다.

어휘_get off 출발하다 **fall out** 결과가 ~으로 되다 **duration** 지속, 계속

정답_(b)

17.

해석_A: 달리 말하면, 우린 실패한 거로군.

      B: 아뇨, 아니에요. 우리가 제안한 조치는 잘 되고 있어요.

해설_put forward는 '~을 제안하다, 제안하다' 라는 의미.

어휘_put asunder 산산이 흩뜨리다 **put it over** 훌륭히 해내다

정답_(a)

18.

해석_A: 그 헬리콥터는 야구장 한가운데에 비상 착륙을 했어.

      B: 모든 사람들이 제때에 빠져나와서 다행이야.

해설_smack dab in the middle of는 '~의 한가운데에' 라는 의미.

어휘_emergency landing 비상 착륙 **flavor** (독특한) 맛, 풍미 **savor** (특유한) 맛, 풍미

정답_(b)

19.

해석_A: 저 사람이 책임져야 합니다.

      B: 알았어요, 진정하세요. 자제심을 잃지 않도록 하세요.

해설_bring (up) A on charges는 'A에게 책임을 지우다, A를 고발

하다' 라는 의미.

어휘_fly off the handle 자제심을 잃다, 발끈하다
pick one's way 천천히 나아가다 **fetch along** ~을 가져
오다 **take through** 통과시키다, 달성시키다

정답_(a)

20.

해석_A: 우리가 뭘 해야 한다고 제안할래?

B: 다른 가족이 하는 대로 해야겠지. 힘을 합치는 거야. 빚도 함께
갚고. 가족으로서 함께 이겨내야지.

해설_stick together는 '힘을 합치다, 일심동체가 되다' 라는 의미.
bring together, belong together, get together 모
두 비슷한 뜻으로 사용된다.

어휘_repay the debt 빚을 갚다 **squeeze** 짜내다
sew 바느질하다

정답_(c)

21.

해석_A: 난 매년 고아원에 꼬박꼬박 기부를 해.

B: 사회에 환원하는 건 좋은 일이지.

해설_make it a point to-V는 '~을 철칙으로 하다, 항상 지키다'
라는 의미이다.

어휘_make oneself felt 좋은 인상을 주다 **make up to** ~에 접
근하다

정답_(d)

22.

해석_A: 시간을 갖고 생각해 보면 뭔가를 알게 될 수도 있어요.

B: 그럴 시간이 있다면 그렇게 하겠지만 시간이 없잖아요. 그러니
이걸 빨리 끝내 버려 줄래요?

해설_get ~ over with은 어떤 일을 '빨리 해치워 버리다' 라는 뜻을
갖고 있다.

어휘_get above ~을 얕보다 **get among** ~에 가담하다
get down on ~에게 반감을 품다

정답_(a)

23.

해석_A: 나도 네가 싫고, 너도 날 싫어하는 것 같아.

B: 맞아. 난 더 이상은 이런 식으로 우리 관계를 지속시키고 싶지
않아. 그러니까 새로 시작하자.

해설_turn over a new leaf는 '마음을 고쳐먹다, 생활을 일신하
다' 라는 의미이다.

어휘_turn A adrift A를 내쫓다, 해고하다 **turn in on oneself**
내향적이 되다, 들어앉다, 은둔하다 **turn upside down** 거
꾸로 하다, 뒤집다

정답_(d)

24.

해석_A: 이 책을 어떻게 찾은 거야? 절판됐는데.

B: 조사를 좀 하다가 우연히 발견했어.

해설_문맥상 '우연히 찾아내다, 밝히다' 라는 뜻의 **dig up이 알맞다.

어휘_out-of-print 절판된 **look out** 주의하다 **let off** 석방하다,
풀어주다 **hollow out** 후벼 파다, 도려내다

정답_(b)

25.

해석_A: 우리 전에도 이 문제에 대해 얘기했지. 데이트는 합의 하에 이
루어져야 하는 거야.

B: 혼자 앞서가지 마. 난 데이트라고 한 적 없어. 저녁을 먹자고 했
지.

해설_Don't get ahead of yourself. 하면 '혼자 앞서서 생각하
지 말라' 는 뜻이다.

어휘_consensual 합의에 의한 **get abreast of** ~에게 뒤지지 않
다

정답_(b)

26.

**해석_기후 변화를 다루기 위해 무엇을 해야 하느냐에 대한 질문은 우선
순위가 서로 다른 각국의 환경적, 경제적, 그리고 에너지 관심이 서
로 맞서서 점점 복잡해졌다.

해설_tackle은 '맞붙다' 라는 뜻 이외에 '(문제 등을) 다루다, 손대다'
라는 뜻도 가지고 있다.

어휘_boost 증진시키다 **postpone** 연기하다

정답_(b)

27.

**해석_David은 그가 기대했던 승진이 다른 사람에게 돌아간 것을 알고
분개했다.

해설_문맥상 '분개한' 이라는 뜻의 **indignant가 알맞다.

어휘_promotion 승진; 판촉 **indistinct** 희미한, 뚜렷하지 않은
indolent 게으른

정답_(b)

28.

해석_ 만약 불평거리가 있다면, 당신의 감독관에게 불만을 말하십시오.

해설_ 문맥상 '불평거리' 라는 뜻의 **grievance**가 알맞다.

어휘_ **grief** 슬픔 **grimace** 얼굴을 찌푸림 **grumble** 투덜거림

정답_ (d)

29.

해석_ Sears의 마케팅 부서 이사는 그의 직원들에게 시내 매장의 다가올 판촉행사에 대해 함구하라고 요구했다.

해설_ 회사의 '직원' 은 **staff**라고 한다.

어휘_ **peer** (나이, 지위 등이) 동등한 사람

정답_ (b)

30.

해석_ 그 회사는 Morrison 씨가 자금을 부정하게 관리하지 않았다는 사실이 알려진 후 그를 다시 회계사로 복직시켰다.

해설_ Morrison 씨가 아무 잘못이 없다는 걸 알았으므로 '복직시키다' 라는 뜻의 **reinstate**가 들어가야 한다.

어휘_ **distract** (주의를) 흐트러뜨리다 **reprimand** 질책하다

정답_ (a)

31.

해석_ 만리장성을 구축하는 것은 틀림없이 매우 고된 일이었을 것이다.

해설_ '(일이) 고된, 힘든' 이라는 뜻의 **arduous**가 들어가야 한다.

어휘_ **ardent** 열렬한 **accurate** 정확한 **arguable** 논쟁의 여지가 있는

정답_ (a)

32.

해석_ 자격을 갖춘 기술자는 이 기계들의 작동법을 알아야 한다.

해설_ 기계를 '작동하다' 라는 뜻을 가진 동사는 **manipulate**이다.

어휘_ **manumit** 노예를 해방하다 **manifest** 명시하다, 표명하다 **mediate** 조정하다

정답_ (b)

33.

해석_ 이 나라의 경제가 악화되고 있어서, 대통령은 국민들에게 검소한 생활을 할 것을 요청했다.

해설_ 문맥상 '절약, 검소' 라는 뜻의 **frugality**가 들어가야 한다.

어휘_ **frustration** 좌절 **frivolity** 천박한 행위 **fruition** 실현

정답_ (d)

34.

해석_ 이 증거는 그 회장이 회사 자금을 횡령했다는 주장을 무효로 만들었다.

해설_ '무효로 만들다' 라는 뜻의 **invalidate**가 들어가야 문맥이 맞다.

어휘_ **peculate** (공금을) 횡령하다 **inveigle** 유인하다, 속이다 **inundate** 범람시키다 **inveigh** 통렬히 비난하다

정답_ (d)

35.

해석_ Jones 씨가 지금 그 코트를 원하고 있어요, 그러니 즉시 그것을 보내 주세요.

해설_ 문맥상 '신속하게' 라는 뜻의 **promptly**가 들어가야 한다.

어휘_ **prematurely** 때가 이르게 **primarily** 본래, 첫째로

정답_ (c)

36.

해석_ 만약 고객들이 들어와서 이 세일에 대해 문의하면, 사과하고 인쇄가 잘못됐다고 설명하세요.

해설_ 문맥상 '사과하다' 라는 뜻의 **apologize**가 들어가야 한다.

어휘_ **compromise** 타협하다 **categorize** 분류하다 **analyze** 분석하다

정답_ (a)

37.

해석_ Pat은 어제 수업에 빠졌다. 그에겐 종종 있는 일이다.

해설_ '수업을 빼먹다' 는 **cut class**라고 한다. **drop**을 쓰지 않도록 조심하자. **drop**은 수강신청 등을 철회한다고 할 때 쓰인다.

어휘_ **hamper** 방해하다, 제한하다 **interfere with** ~을 방해하다, 간섭하다

정답_ (c)

38.

해석_ 자, 이제 끝났네. 퇴근합시다.

해설_ **Let's call it a day.**는 '오늘은 이것으로 마치자.' 라는 뜻의 관용구이다. **call a spade a spade**는 '솔직히 말하다' 라는 의미.

어휘_ **completion** 완성, 완료

정답_ (a)

39.

해석_ 다행스럽게도 Mason 여사는 지루한 법적 논쟁을 흥미진진한 기사거리로 변화시키는 특별한 능력을 가지고 있다.

해설_ fortunately라는 단어에서 보다 바람직한 방향으로의 변화임을 알 수 있다. 따라서 '흥미진진한' 이라는 뜻의 **absorbing**이 들어가야 한다.

어휘_ **transform** 변형시키다 **tedious** 지루한 **contention** 말다툼, 논쟁 **arid** (땅이) 건조한; 무미건조한 **erratic** (마음이) 산만한 **improbable** 있음직하지 않은

정답_ (d)

40.

해석_ 하원이 대통령의 거부권보다 우선하는 투표권을 가지기 때문에, 대통령은 타협할 수밖에 없다.

해설_ '타협하다' 라는 뜻의 **compromise**가 문맥에 맞다.

어휘_ **override** ~보다 우위에 서다, ~에 대해 최종 결정권을 갖다 **veto** (법률안에 대해 대통령 등이 가지는) 거부권 **object** 반대하다 **abdicate** (권리를) 버리다, 포기하다 **abstain** 삼가다, 절제하다

정답_ (b)

41.

해석_ 그의 사치스러운 여행, 값비싼 골동품, 고급 식당에 대한 개인적 취향은 주제와 등장인물들이 너무 평범한 작가에게서 기대할 수 있는 것이 아니었다.

해설_ ...were not what one might expect from...에서 작가의 개인적 취향과 작품의 성격이 서로 다르다는 것을 알 수 있다. 따라서 '평범한, 시시한, 흔해빠진' 이라는 뜻의 **quotidian**이 들어가야 문맥이 맞다.

어휘_ **contradictory** 모순된 **maladroit** 서투른, 솜씨 없는 **bombastic** 과장된

정답_ (a)

42.

해석_ 많은 과학자들이 오랫동안 '빙하 이론' 을 거부해왔지만, 최근에서야 오류가 있다고 증명되었다.

해설_ '부인하다, 거절하다' 라는 뜻의 **repudiate**가 들어가야 문맥이 맞다.

어휘_ **adapt** 적응하다 **precipitate** 촉진시키다 **placate** (사람을) 달래다, 위로하다

정답_ (b)

43.

해석_ 현 상황에서는 UN이 내전을 중단하기 위해 개입해야 한다.

해설_ 문맥상 '중재하다, 개입하다' 라는 뜻의 **intervene**이 들어가야 한다.

어휘_ **obstruct** 방해하다 **impede** 방해하다 **disrupt** 붕괴시키다

정답_ (b)

44.

해석_ 환경에 유해물질을 방출하는 기업에 무거운 세금을 부과하는 것은 깨끗하고 무공해의 지구를 보존하는 데 효과적인 유인 수단인 것으로 증명될 수 있었다.

해설_ **incentive**는 뭔가를 하도록 자극할 수 있는 '유인 수단' 이라는 뜻이다.

어휘_ **apparition** 유령; (모습 등의) 출현 **detergent** 세제 **abeyance** 일시적인 중지

정답_ (d)

45.

해석_ 몇몇 주에서 비닐봉지를 햇빛에 노출되면 시간이 지남에 따라 점차 분해되는 생물 분해성을 가진 물질로 만들 것을 요구하는 법안이 제출되었다.

해설_ **biodegradable**(생물 분해성이 있는)이라는 말에서 **decompose**(분해되다)가 문맥상 알맞은 단어임을 알 수 있다.

어휘_ **subside** (폭풍 등이) 가라앉다 **ossify** 뼈로 변하게 하다 **proliferate** (세포분열 등으로) 증식하다

정답_ (c)

46.

해석_ 자연에는 분명히 수많은 질병을 약초로 치료하기 위해 풍부하게 채취될 수 있는 무궁무진한 식물들이 있다.

해설_ '무진장한' 이라는 뜻의 **inexhaustible**이 문맥에 맞다.

어휘_ **insuperable** 무적의 **insatiable** 탐욕스러운 **iniquitous** 사악한

정답_ (b)

47.

해석_ 불면증으로 며칠 밤을 보낸 후, 나는 엄마가 달래주고 나서야 드디어 잠이 들었다.

해설_ **lull**은 '(어린아이를) 달래다' 라는 의미로, 흔히 자장가를 불러 아이들을 잠재운다는 말로 쓰인다.

어휘_ **insomnia** 불면 **sleek** 매끄럽게 하다, 광택을 내다 **peer** 응시하다

정답_ (a)

48.

해석_그 사람은 자신이 그 사실을 깨닫지 못하면 실패하게 될 것이다.

해설_condemn은 종종 be condemned to-V의 수동형으로 쓰이며, 부정적인 의미로 '~할 운명에 처해지다' 라는 뜻이다.

어휘_reserve 유보하다 defeat 패배시키다, 무찌르다 assume 가정하다

정답_(c)

49.

해석_기술자들은 누수의 근원을 찾아 결함이 있는 부품을 갈기 위해 조종석의 압력을 조절하는 밸브들을 떼어내고 있다

해설_isolate는 원래 '고립시키다' 라는 뜻인데, 여기서는 '떼어내다' 라는 의미로 보면 되겠다.

어휘_percolate 스며 나오게 하다 linger 서성거리다

정답_(b)

50.

해석_캐리비안의 산호와 맹그로브는 이전에 생각했던 것보다 빠르게 죽어가고 있는데, 널리 퍼진 개발 사업이 부분적으로 책임이 있다.

해설_be to blame은 잘못된 일에 대하여 '책임이 있다' 라는 뜻의 관용구이다.

어휘_coral 산호 mangrove 맹그로브 (열대 강어구 · 해변에 생기는 숲)

정답_(a)